SAVERIO EL CRUEL

SAVERIO EL CRUEL

ROBERTO ARLT

SAVERIO EL CRUEL
LA ISLA DESIERTA

Prólogo
Mirta Arlt

Editorial Losada
Buenos Aires

Biblioteca Clásica y Contemporánea
1° edición, 9° reimpresión: febrero de 2013
© Herederos de Roberto Arlt
© Editorial Losada S. A., 1998
Moreno 3362 – 1209 Buenos Aires, Argentina
Tels. 4373-4006 / 4375-5001
www.editoriallosada.com.ar
Libro de edición argentina
Impreso en la Argentina
Tapa: Pablo Barragán
Maquetación: Taller del Sur
ISBN 978-950-03-0542-6
Queda hecho el depósito que marca la ley 11723
Tirada: 2000 ejemplares

Arlt, Roberto
Saverio, el cruel. La isla desierta. – 1ª ed. 9ª reimp. –Buenos
Aires: Losada, 2013. – 156 p.; 18 x 12 cm. (Biblioteca
Clásica y Contemporánea; 627).

ISBN 978-950-03-0542-6

1. Teatro Argentino. I. Título.
CDD A863

Roberto Arlt

Cierta vez, alguien preguntó a Roberto Arlt por qué escribía teatro. Él pensó un momento, como si se tratase de algo inusitado, de una pregunta inesperada, y luego, como si acabase de descubrirlo él mismo, respondió: "Es mi modo de plantearle problemas a la humanidad". Y dado que los problemas suyos eran los del hombre en cualquier punto del universo, nada mejor para expresarlos que el teatro, con su connotación afectiva de infinito en el "Theos" y con su realidad etimológica en el "Theomai"; por un lado lo divino, por otro el acceso a la reunión comunitaria vinculada por la idéntica finalidad de mirar, ver y participar en lo creado.

Así, Roberto Arlt,[1] pionero en la novela, comienza a serlo también en el teatro, donde, sin proponérselo, corta con la trayectoria de la escena argentina,

[1] Roberto Arlt, que había nacido en Buenos Aires el 26 de abril de 1900, falleció en esta misma ciudad el 26 de julio de 1942.

hecha como legítimo préstamo de la cultura europea, o como prolongación artificiosa del costumbrismo y del color local en sus dramas de provincia, de pampas y de gauchos.

Gustara o no, con este autor se asomaba a la escena una cosa distinta. Se hubiera podido pensar en un movimiento de renovación, o en que había llegado el momento de comenzar a emitir, quizá simplemente a devolver, el préstamo cultural que habíamos recibido; pero no fue así. El teatro de Roberto Arlt, que ni siquiera conoce el escenario comercial —con una sola excepción frustrada—, aparece y permanece como planta aislada en tierras ásperas, y se desarrolla en forma casual, con características muy particulares que trataré de señalar.

Porque también de él puede decirse que fue periodista hasta en sus mejores páginas, afinca para sus asuntos y tramas en la realidad del hombre-de-la-calle; limpia de todo patetismo el diálogo de sus personajes, tiende a la ironía y, en suma, a mostrar al ser humano como una broma trágica de un Dios cruelmente inaccesible, que nos defrauda al permitir que lo hayamos perdido. Sigue en pie la idea desarrollada en su novelística de que la vida es una especie de "juguete rabioso" que al momento se desmanda y comienza a dispararse solo, a oprimir al hombre como un macabro *Dancing Partner* artificial, cuyo mecanismo no responde a lo previsto. A partir de ahí, tenemos el orden de los incidentes. Pero si en el teatro clásico ese orden estaba regido por los dioses, aquí son las fuerzas sociales las que hacen posible que el hombre sea como es, y esas fuerzas sociales no son menos crueles ni dominantes, solo que toman cuerpo en representantes más modestos: el jefe (en *La isla desierta*), los burgueses bromistas capitaneados por Susana (en *Saverio, el cruel*).

Y también, continuando la trayectoria de su novela, los protagonistas —siempre hombres de ciudad— son más bien abúlicos, mental y corporalmente, hasta conformistas, hombres que por sí mismos no se atreverían a soñar con transgredir las leyes del orden establecido, y que, como no tienen fuerza para el sueño, tampoco la tienen para la vida. Sin embargo, el sueño —por el que se evidencian existentes— viene un día a ellos. Y hasta aquí el hombre-personaje y el cronista-autor; luego la inventiva del escritor toma la delantera, y ya tenemos el drama, en el cual podemos hablar de una estructura permanente, una estructura que obedece a constantes interiores del propio autor, no a leyes exteriores (se cumple aquí aquello de Corneille con respecto a que "si bien es cierto que hay leyes del drama, ya que es un arte, no es cierto que estas leyes existan"), y en esa estructura permanente hay tres tiempos: realidad-crónica, sueño-ficción y realidad-desenlace trágico.

El ser humano ha fracasado como tal: interacción entre psicología y sociedad donde no podríamos decir qué está antes. Y aquí la obra toda de Roberto Arlt se encuadra en una especie de universo de ficción donde juega papel importante el recurso del "teatro dentro del teatro". Sus personajes han tratado de imponer leyes paralelas para vivir escapando de su auténtica condición de existencia física, y derivan hacia lo inverosímil, pero coherente en el universo de ficción que se han forjado, hasta que las leyes del universo real se imponen para decretar el desastre.

Y ésta es asimismo la visión desilusionada de este rebelde heredero del romanticismo literario, apuntalado sobre criterios emocionales para el pensar y el vivir, el agonista que despertará la simpatía de generaciones futuras puestas en el brete de la falta de concordancia entre la razón y los sentimientos.

Ya estamos en condiciones, pues, de encontrarnos con sus personajes sin caer en la desorientación. Son seres que entran en repentina evolución por el impacto de un conflicto que, a su vez, origina el salto fortuito a lo irreal.

Los caracteres opuestos determinarán el crecimiento de la acción, que de la cordura en *Saverio, el cruel* se motoriza por el encuentro de la cordura del simple buen hombre, Saverio, contrapuesta a la mala crianza de alocados burgueses encabezados por la retorcida demencia de Susana; y en *La isla desierta*, la oposición estará dada por las mentes rutinarias de los oficinistas conformes con su esclavitud en choque con el espíritu del sueño y la libertad que representa Cipriano.

Por eso, quienes no conocían el teatro de Roberto Arlt encuentran en estas dos piezas las claves de su obra en general. A través de sus páginas, en efecto, se repite aquello de ir por las posibilidades de la libertad humana hacia la irrealidad, y por ésta hacia la propia negación, o, trasladándonos al campo de lo formal, del realismo hacia la farsa (con elementos simbolistas y expresionistas) y de la farsa nuevamente al realismo. Los elementos simbolistas están, dados antes que nada, en la personificación de fuerzas sociales a través de los individuos concretos. Lo expresionista aparece en la implícita conciencia moral que pretende denunciar la injusticia de una sociedad de máquinas, comercio y ciencia, que mira indiferente cómo la instancia última del hombre se pierde y tergiversa sin que los sueños de rescate espiritual se cumplan.

En última instancia, realismo, simbolismo, expresionismo y psicologismo son componentes de un contexto donde los elementos se encuentran yuxtapuestos y no subordinados, y dicha yuxtaposición, en todo caso, está señalando que nos encontramos ante un teatro de crisis donde no cabe el "ismo" exclusivo. Si por un lado es realista, temperamental, popular, por otro lado tiene la propensión a hacer de esa realidad el símbolo de toda otra realidad subyacente que enraiza en lo psicológico, social y metafísico.

Es importante recordar que *Saverio, el cruel* y *La isla desierta* se estrenan, respectivamente, en 1936 y 1938, año, el primero, del estallido de la guerra civil española, en que Buenos Aires festeja el cuarto centenario de su fundación, y en que la famosa escultora Lola Mora muere en la más total de las miserias, mientras se reúne en Buenos Aires la Conferencia Panamericana de Consolidación de la Paz —de esa paz que habría de romperse sólo tres años más tarde—, año en que la trata de blancas tiene todavía su asiento en organizaciones clandestinas no ajenas a las altas esferas; año, finalmente, en que un escritor y periodista como Roberto Arlt debe mantener a su familia con un máximo que no alcanza a los trescientos pesos de sueldo.

El conflicto psicológico está en el clima de la literatura, con O'Neill, Pirandello, Chejov, Unamuno, Baroja, Mann, y en el hombre-de-la-calle y en el escritor atormentado de la Buenos Aires que crece, y en los personajes de piezas como *Saverio, el cruel* y *La isla desierta*, donde el elegido o los elegidos son especies de víctimas expiatorias, prolongaciones de aquella Ío clásica cuyo único delito es haber atraído la mirada de los dioses, y, como ella, son distinguidos del resto de los mortales y convertidos en una mezcla de ángeles ineficaces con alas de utilería y jugadores de rugby que corren con el balón de sueños entre sus manos, en una carrera utópica, luchando por marcarle un tanto a la vida.

La conclusión pesimista, nihilista, es que el hombre no puede escapar a la realidad, que es inútil querer burlar al destino. Así como Saverio es el puente que Susana construye para evadirse, Susana es el puente que Saverio encuentra para ingresar también él en la irrealidad, mientras que en *La isla desierta* el mulato es el cabo que lanza la ilusión a los que están obnubilados por la rutina. Entretanto, el *autor* esto es, etimológicamente, auctor, el que aumenta, aplica su lupa donde quiere subrayar los trazos que pasan inadvertidos al espectador de la realidad, y la conclusión se desprende dibujando al ser humano como broma trágica cuyo inventor nadie conoce.

MIRTA ARLT

SAVERIO EL CRUEL

Comedia dramática en tres actos

PERSONAJES

SUSANA
JUAN
PEDRO
JULIA
LUISA
MUCAMA
SAVERIO
SIMONA
IRVING ESSEL
CADDIE
ERNESTINA
DUEÑA DE LA PENSIÓN
HOMBRE 1º
HOMBRE 2º
JUANA
ERNESTO
DIONISIA
DEMETRIO
ROBERTO
MARÍA
HERALDO
Invitadas – invitados – voces

ACTO PRIMERO

Antecámara mixta de biblioteca y vestíbulo. A un costado escalera, enfrente puerta interior, al fondo ventanales.

ESCENA 1

(Pedro, Julia, Susana y Juan, de edades que oscilan entre 20 y 30 años. Julia teje en la rueda.)

SUSANA

(Separándose bruscamente del grupo y deteniéndose junto a la escalera.) Entonces yo me detengo aquí y digo: ¿De dónde ha sacado usted que yo soy Susana?

JUAN.

Sí, ya sé, ya sé…

SUSANA

(Volviendo a la rueda.) Ya debía estar aquí.

PEDRO

(Consultando su reloj.) Las cinco.

JUAN

(Mirando su reloj.) Tu reloj adelanta siete minutos. *(A Susana.)* ¡Bonita farsa la tuya!

SUSANA

(De pie, irónicamente.) Este año no dirán en la estancia que se aburren. La fiesta tiene todas las proporciones de un espectáculo.

JULIA

Es detestable el procedimiento de hacerle sacar a otro las castañas del fuego.

SUSANA

(Con indiferencia.) ¿Te parece? *(Julia no contesta. Susana a Juan.)* No te olvides.

JUAN

Noo. *(Mutis de Susana.)*

PEDRO

¡Qué temperamento!

JULIA

(Sin levantar la cabeza del tejido.) Suerte que mamá no está. No le divierten mucho estas invenciones.

PEDRO

Mamá, como siempre, se reiría al final.

JULIA

Y ustedes no piensan cómo puede reaccionar el mantequero cuando se dé cuenta que lo han engañado.

PEDRO

Si es un hombre inteligente festejará el ingenio de Susana.

JUAN

(Irónico.) Vas muy bien por ese camino.

JULIA

Dudo que un hombre inteligente se sienta agradecido hacia los que se burlan de él.

JUAN

En cierto modo me alegro que la tía no esté. Diría que era yo el armador de esta fábrica de mentiras.

19

JULIA

Mamá tendría razón. Vos y Susana han compagi-
nado esta broma canallesca.

PEDRO

Julia, no exageres.

JUAN

Evidentemente, Julia, sos una mujer aficionada a
las definiciones violentas. Tan no hay intención
perversa en nuestra actividad, que si el mantequero se presta para hacer un papel desairado, el
nuestro tampoco lo es menos.

JULIA

Para divertirse no hay necesidad de llegar a esos
extremos...

PEDRO

(A Juan.) Verdaderamente, si no la estimularas tanto a Susana.

JUAN

(Fingiendo enojo.) Tendrás la audacia de negarle temperamento artístico a Susana...

JULIA

Aquí no se discute el temperamento artístico de

Susana. Lo que encuentro repugnante, es el procedimiento de enredar a un extraño en una farsa mal intencionada.

JUAN

¡Oh, discrepancia! ¡Oh, inocencia! Allí está lo gracioso, Julia. ¿Qué interés encerraría la farsa si uno de los que participa no ignora el secreto? El secreto es en cierto modo la cáscara de banana que caminando pisa el transeúnte distraído.

ESCENA 2

(Bruscamente entra Luisa, en traje de calle. Tipo frívolo.)

LUISA

Buenas, buenas, buenas… ¿qué tal Juan? ¿Llegó el mantequero? *(Se queda de pie junto a la silla de Pedro.)*

JULIA

Del mantequero hablamos. *(Silencio.)*

LUISA

¿Qué pasa? ¿Consejo de guerra? ¿Bromas domésticas? ¿Y Susana?

JULIA

¿Te parece razonable la farsa que estos locos han tramado?

LUISA

¡Qué fatalidad! Ya apareció la que toma la vida en serio. Pero hija, si de lo que se trata es de divertirnos buenamente.

JULIA

¡Vaya con la bondad de ustedes!

LUISA

¿No te parece, Juan?

JUAN

Es lo que digo.

JULIA

Lo que ustedes se merecen es que el mantequero les dé un disgusto.

LUISA

Lo único que siento es no tener un papel en la farsa.

JULIA

Pues no te quejes; lo tendrás. Desde ahora me

niego a intervenir en este asunto. Es francamente indecoroso.

JUAN

¿Hablás en serio?

JULIA

¡Claro! Si mamá estuviera, otro gallo les cantara. *(Levantándose.)* Hasta luego. *(Mutis.)*

ESCENA 3

(Luisa, Pedro y Juan.)

JUAN

Esto sí que está bueno. Nos planta en lo mejor.

PEDRO

Quizá no le falte razón. ¿Qué hacemos si al mantequero le da por tomar las cosas a lo trágico?

LUISA

(Despeinándolo a Pedro.) No digas pavadas. Ese hombre es un infeliz. Verás. Nos divertiremos inmensamente. ¿Quieren que haga yo el papel de Julia?

PEDRO

¿Y tu mamá?

LUISA

Mamá encantada.

JUAN

A mí me parece bien. *(Suena el teléfono. Pedro corre al aparato.)*

PEDRO

(Al teléfono.) ¿Quién? ¿Ah, sos vos? No, no llegó. Se está vistiendo. A la noche. Bueno, hasta luego. *(Volviendo a la mesa.)* Hablaba Esther. Preguntaba si había llegado el mantequero.

JUAN

¡Te das cuenta! Nos estamos haciendo célebres. *(Bajando la voz.)* Entre nosotros: va a ser una burla brutal.

LUISA

Todos se han enterado. ¿Dónde está Susana?

ESCENA 4

(Dichos y Mucama, que entra.)

MUCAMA

Señor Pedro, ahí está el mantequero.

JUAN

¿Le avisó a Susana?

MUCAMA

No, niño.

JUAN

(A Luisa.) Vamos a ver cómo te portás en tu papel de hermana consternada *(A Pedro.)* Y vos en tu papel de médico. *(Se levanta.)* Aplomo y frialdad. *(Sale.)*

LUISA

Yo, mejor que Greta Garbo.

PEDRO

(A la Mucama.) Hágalo pasar aquí. *(Sale la Mucama.)*

LUISA

(De improviso.) Dame un beso, pronto. *(Pedro se levanta y la besa rápidamente. Luego se sienta a la mesa, afec-*

tando un grave continente. Luisa se compone el cabello. Aparece Saverio en compañía de la Mucama. Saverio, físicamente, es un derrotado. Corbata torcida, camisa rojiza, expresión de perro que busca simpatía. Sale la Mucama. Saverio se detiene en el marco de la puerta sin saber qué hacer de su sombrero.)

ESCENA 5

(Saverio, Luisa y Pedro; después Susana.)

LUISA

(Yendo a su encuentro.) Buenas tardes. Permítame, Saverio. *(Le toma el sombrero y lo cuelga en la percha.)* Soy hermana de Susana…

SAVERIO

(Moviendo tímidamente la cabeza). Tanto gusto. ¿La señorita Susana?

LUISA

Pase usted. Susana no podrá atenderlo… *(Señalándole a Pedro.)* Le presento al doctor Pedro.

PEDRO

(Estrechando la mano de Saverio.) Encantado.

SAVERIO

Tanto gusto. La señorita Susana… me habló de unas licitaciones de manteca…

PEDRO

Sí, el otro día me informó… Usted deseaba colocar partidas de manteca en los sanatorios…

SAVERIO

¿Habría posibilidades?

LUISA

Lástima grande, Saverio. Usted llega en tan mal momento…

SAVERIO

(Sin entender.) Señorita, nuestra manteca no admite competencia. Puedo disponer de grandes partidas y sin que estén adulteradas con margarina…

LUISA

Es que…

SAVERIO

(Interrumpiendo.) Posiblemente no le dé importan-

cia usted a la margarina, pero detenga su atención en esta particularidad: los estómagos delicados no pueden asimilar la margarina; produce acidez, fermentos gástricos...

LUISA

¿Por qué no habrá llegado usted en otro momento? Estamos frente a una terrible desgracia de familia, Saverio.

SAVERIO

Si no es indiscreción...

LUISA

No, Saverio. No. Mi hermanita Susana...

SAVERIO

¿Le ocurre algo?

PEDRO

Ha enloquecido.

SAVERIO

(Respirando.) ¡Ha enloquecido! Pero, no es posible. El otro día cuando vine a traerle un kilo de manteca parecía lo más cuerda...

LUISA

Pues ya ve cómo las desdichas caen sobre uno de un momento para otro...

SAVERIO

Es increíble...

PEDRO

¿Increíble? Pues, mírela, allí está espiando hacia el jardín.

(Por la puerta asoma la espalda de Susana mirando hacia el jardín. De espaldas al espectador.)

PEDRO

Quiero observarla. Hagan el favor, escondámonos aquí.

(Pedro, Luisa y Saverio se ocultan. Susana se vuelve. Susana se muestra en el fondo de la escena con el cabello suelto sobre la espalda, vestida con ropas masculinas. Avanza por la escena mirando temerosamente, moviendo las manos como si apartase lianas y ramazones.)

SUSANA

(Melancólicamente.) Árboles barbudos... y silencio. *(Inclinándose hacia el suelo y examinándolo.)* Ninguna huella de ser humano. *(Con voz vibrante y levantando las manos al cielo.)* ¡Oh Dioses! ¿Por qué habéis

abandonado a esta tierna doncella? ¡Oh! sombras infernales, ¿por qué me perseguís? ¡Destino pavoroso! ¿A qué pruebas pretendes someter a una tímida jovencita? ¿Cuándo te apiadarás de mí? Vago, perdida en el infierno verde, semejante a la protagonista de la tragedia antigua. Pernocto indefensa en panoramas hostiles…

(Se escucha el sordo redoble de un tambor.) …siempre el siniestro tambor de la soldadesca. Ellos allá, yo aquí. *(Agarrándose la cabeza.)* Cómo me pesas… pobre cabeza. Pajarito. *(Mirando tristemente en derredor.)* ¿Por qué me miras así, pajarito cantor? ¿Te lastima, acaso, mi desventura? *(Desesperada.)* Todos los seres de la creación gozan de un instante de reposo. Pueden apoyar la cabeza en pecho deseado. Todos menos yo, fugitiva de la injusticia del Coronel desaforado.

(Nuevamente, pero más lejano, redobla el parche del tambor.)

(Susana examina la altura.) Pretenden despistarme. Pero, ¿cómo podría trepar a tal altura? Me desgarraría inútilmente las manos. *(Hace el gesto de tocar el tronco de un árbol.)* Esta corteza, es terrible. *(Se deja caer al suelo apoyada la espalda a la pata de una mesa.)* ¡Oh, terrores, terrores desconocidos, incomunicables! ¿Quién se apiada de la proscripta desconocida? Soy casta y pura. Hasta las fieras parecen

comprenderlo. Respetan mi inocencia. *(Se pone de pie.)* ¿Qué hacer? No hay cueva que no registren los soldados del Coronel. *(Hace el gesto de levantar una mata.)* Tres noches que duermo en la selva. *(Se toma un pie dolorido.)* ¿Pero se puede llamar dormir a este quebranto doloroso: despertarse continuamente aterrorizada por el rugido de las bestias, escuchando el silbido de la serpiente que enloquece la luna? *(Tomándose dolorida la cabeza.)* ¡Ay, cuándo acabará mi martirio!

ESCENA 6

(Juan y Susana.)

JUAN
(Entra en traje de calle y pone una mano en el hombro de Susana.) Tranquilízate, Susana.

SUSANA
(Con sobresalto violento.) Yo no soy Susana. ¿Quién es usted?

JUAN
Tranquilícese. *(Le señala la silla.)* Sentémonos en estos troncos.

31

SUSANA

¿Por qué no me contesta? ¿Quién es usted?

JUAN

(Vacilante, como quien ha olvidado su papel.) Perdón…
recién me doy cuenta de que es usted una mujer
vestida de hombre.

SUSANA

Y entonces, ¿por qué me llamó Susana?

JUAN

¿Yo la llamé Susana? No puede ser. Ha escuchado
mal, jamás pude haberla llamado Susana.

SUSANA

(Sarcástica.) ¿Trabaja al servicio del Coronel?
¡eh!…

JUAN

(Fingiendo asombro.) ¿El Coronel? ¿Quién es el Coronel?

SUSANA

(Llevándose las manos al pecho.) Respiro. Su asombro
revela la ignorancia de lo que temo. *(Sonriendo.)*
Tonta de mí. Cómo no reparé en su guardamon-
tes. ¿Así que usted es el pastor de estos contornos?

JUAN

Sí, sí… soy el pastor…

SUSANA

Sin embargo, de acuerdo a los grabados clásicos, usted deja mucho que desear como pastor. ¿Por qué no lleva cayado y zampoña?

JUAN

Los tiempos no están para tocar la zampoña.

SUSANA

(Poniéndose de pie y examinándole de pies a cabeza.) Guapo mozo es usted. Me recuerda a Tarzán. *(Para sí.)* Musculatura eficiente. *(Mueve desolada la cabeza.)* Pero no… es mejor que se vaya… que vuelva al bosque de donde salió…

JUAN

¿Por qué? No veo el motivo.

SUSANA

(Trágica.) Una horrible visión acaba de pasar por mis ojos. *(Profética.)* Lo veo tendido en los escalones de mármol de mi palacio, con siete espadas clavadas en el corazón…

JUAN

(*Golpeándose jactanciosamente los bíceps.*) ¿Siete espadas, ha dicho, señorita? ¡Que vengan! Al que intente clavarme, no siete espadas, sino una sola en el corazón, le quebraré los dientes.

SUSANA

Me agrada. Así se expresan los héroes. (*Grave.*) Pobre joven. ¿Podría albergarme en su cabaña, pocos días?

JUAN

¿En mi cabaña? Pero usted... tan hermosa. ¡Oh! sí... pero le advierto que mi choza es rústica... carece de comodidades...

SUSANA

Descuide. No le molestaré. Necesito resolver tan graves problemas. (*Sentándose.*) Si usted supiera. Estoy tan cansada. Mi vida ha dado un tumbo horrible. (*Para sí.*) Parece un sueño todo lo que sucede. ¿Es casado usted?

JUAN

No, señorita.

SUSANA

¿Tiene queridas?

JUAN

Señorita, soy un hombre honrado.

SUSANA

Me alegro. *(Se pasea.)* Esto simplifica la cuestión.
Las mujeres lo echan todo a perder. A ver, déjeme
que le vea el fondo de los ojos. *(Se inclina sobre él.)*
Su rostro sonríe. En el fondo de sus ojos chispea
el temor. *(Sarcástica.)* ¡No está muy seguro de su fi-
delidad, eh!

JUAN

¡Susana!...

SUSANA

Ya reincidió otra vez... ¿Quién es Susana? ¿Su
novia?

JUAN

(Vacilante.) Confundo... perdone... usted me recuerda una pastora que vivía en los contornos. Se
llamaba Susana.

SUSANA

¿No hay peligro de que nos escuche algún espía
del Coronel?

JUAN

Los perros hubieran ladrado.

SUSANA

¿Es capaz de guardar un secreto?

JUAN

Sí, señorita.

SUSANA

(Meneando la cabeza con desesperación.) Pero no… no…
Seguirme es tomar rumbo hacia la muerte. Soy
un monstruo disfrazado de sirena. Escúchame,
pastorcito, y tú, quien seas que me oyes: huye de
mí. Aún estás a tiempo.

JUAN

(Golpeándose los bíceps.) Que vengan los peligros. Les
romperé las muelas y les hincharé los ojos.

SUSANA

Dudo. Tu alma es noble. Pueril. *(Se pasea irresoluta.
Se detiene ante él.)* Evidentemente, tus ojos son fran-
cos. El rostro de líneas puras retrata una vida inocente. No perteneces a ese grupo de granujas a
quienes agrada enredar a los ingenuos en las ma-
llas de sus mentiras.

JUAN

(*Tartamudeando.*) Claro que no, señorita. Soy un hombre honrado.

SUSANA

Y sin queridas. Perfectamente. ¿Sabes quién soy?

JUAN

Aún no, señorita.

SUSANA

Apóyate que te caerás.

JUAN

La impaciencia me mantiene tieso. No puedo caerme.

SUSANA

Caerás. Soy... la reina Bragatiana.

JUAN

¿La reina? ¿Vestida de hombre? ¿Y en el bosque?

SUSANA

Ha caído un rayo, ¿no?

JUAN

Tal me suena la noticia.

SUSANA

Me lo figuraba, querido pastorcito. Vaya si me lo figuraba. No todos los días, a la vuelta del monte, tropieza un cabrero con una reina destronada.

JUAN

Mi suerte es descomunal.

SUSANA

¿Comprendes, ahora, la inmensidad de mi desgracia?

JUAN

Majestad... la miro y creo y no creo...

SUSANA

Me has llamado majestad. ¡Oh sueño! ¡Oh delicia!... ¡Cuántos días que estas palabras no suenan en mis oídos!

JUAN

(*Arrodillándose.*) Majestad, permítame que le bese la mano.

(*Susana se la da a besar con aspavientos de gozo inenarrable.*)

SUSANA

(Enérgica.) Pastor, quiero pagarte el goce que me has regalado. Desde hoy agregarás a tu nombre el título de conde.

JUAN

(Reverente.) Gracias, majestad.

SUSANA

Te nombrarás el Conde del Árbol Florido, porque tu alma es semejante al árbol fragante. Perfuma a los que se amparan a su sombra.

JUAN

Sus elogios me desvanecen, majestad. Su desventura me anonada.

SUSANA

(Melancólica.) ¿Te aperpleja, no? Pues yo me miro en el espejo de los ríos, y al descubrirme aparatosa como una vagabunda, me pregunto: ¿Es posible que una reina por derecho divino se vea constreñida a gemir piedad por los bosques, fugitiva a la revolución organizada por un coronel faccioso y algunos tenderos ensoberbecidos?

JUAN

Ah… ¿De modo que el responsable es el Coronel?

SUSANA

(*Violenta.*) Y los tenderos, Conde, los tenderos. Esta revolución no es obra del pueblo, sino confabulación de mercaderes que pregonan que el hombre desciende del mono y de algunos españoles con deudas de monte con puerta. Tú no entiendes de política, pero te diré que mis más fieles amigos han debido fingir adaptarse a este régimen nefasto. Me esperan, ya lo sé, pero… en tanto… hazte cargo… para salvar la vida tuve que disfrazarme de criada y huir por un subterráneo semejante a ignominiosa vulpeja.

JUAN

Episodio para amedrentar a una robusta matrona, cuanto más a una virginal doncella.

SUSANA

¡Con qué palabras, Conde, te describiría los trabajos que acompañaron mi fuga! ¡Cómo historiarte las argucias de que tuve que valerme para no ser ultrajada en mi pudor!

JUAN

¡Oh… pero no lo fue, no, majestad!

SUSANA

Me protegió esta estampita de la virgen. (*La saca*

del pecho y la besa. Cambiando de tono.) ¿Te atreverías
tú?...

JUAN

¿A qué, majestad?

SUSANA

A cortarle la cabeza al Coronel.

JUAN

(Respingando.) ¿Cortarle la cabeza? Si el Coronel
no me ha hecho nada.

SUSANA

(Dejando caer la cabeza, desalentada.) Y yo que confia-
ba en ti. Pensaba: el Conde irá a la cueva del Dragón y con su espada le separará la cabeza del
cuerpo. En el Palacio festejaremos el coronelicidio. Si me parece verlo. Tú avanzas por el camino de rosas... la velluda cabeza del Coronel, cho-
rreando sangre espesa, en brillante bandeja de
oro. ¿Te imaginas, pastor, la belleza plástica de
ese conjunto? Las más hermosas de mis damas
corren a tu encuentro. Suenan los violines y cien
heraldos con trompetas de plata anuncian: Ha
llegado el Conde del Árbol Florido. Trae la cabeza del Coronel desaforado. ¿Te imaginas la belleza plástica de ese conjunto?

JUAN

Ah, si convertimos el coronelicidio en una cuestión de confianza y estética, no tengo ningún inconveniente en cortarle la cabeza al Coronel.

SUSANA

Por fin te muestras audaz y carnicero.

JUAN

(Ingenuamente.) Sin embargo, al Coronel no le va a gustar que le corten la cabeza.

SUSANA

Conde, no seas pueril. ¿A quién le agrada que le separen la cabeza de los hombros?

JUAN

¿No podríamos buscar al Coronel y conversarlo? Conversando se entiende la gente.

SUSANA

¡Oh! ingenuidad de la juventud. Cómo se trasluce, amigo mío, que pasaste los mejores años de tu vida bañando a las ovejas en antisárnicos. Más cuerdo sería pretender persuadir a un mulo.

JUAN

¿Tan reacio es?

SUSANA

Imposible, como lo oyes. Le llaman corazón de león; cerebro de gallina... (Se *escucha el sordo batir del tambor.*) ¿Oyes?

JUAN

El tambor.

SUSANA

Los soldados me buscan. Escapemos, Conde.

JUAN

A mi cabaña, majestad. Allí no la podrán encontrar. (*Salen ambos apresuradamente.*)

ESCENA 7

(*Aparecen lentamente Saverio, Luisa y Pedro; después Juan.*)

LUISA

¡Parte el corazón escucharla! ¡Qué talento extraviado! Y tan ciertamente que se cree en el bosque.

(*Se sientan alrededor de la mesa.*)

PEDRO

Locura razonable, señorita Luisa.

SAVERIO

Si me lo contaran no lo creyera. (*Mirándolos de hito en hito.*) Juro que no lo creyera. (*Ingenuamente a Pedro.*) Dígame, doctor, ¿y ese señor que hace el papel de pastor desconocido... el Conde... también está loco?

PEDRO

No; es un primo de Susana. Se presta a seguirla en la farsa, porque estamos estudiando el procedimiento adecuado para curarla.

SAVERIO

¡Ah! Por cierto que se necesita ingenio...

LUISA

Claro... imagínese... seguir las divagaciones de una mente enferma.

SAVERIO

Espantaría al más curado de asombros. (*Pensativamente.*) Y parece que quiere cortarle la cabeza al Coronel de verdad.

LUISA

Estoy inquieta por ver a Susana.

PEDRO

No es conveniente, Luisa. La acompaña Juan y su presencia la tranquiliza.

SAVERIO

¿Y tendrá remedio esta locura, doctor?

PEDRO

Es aventurado anticipar afirmaciones. Yo tengo un proyecto. A veces da resultado. Consiste en rodear a Susana del reino que ella cree perdido.

SAVERIO

Eso es imposible.

LUISA

No, porque organizaremos una corte de opereta. Contamos ya con varias amigas de Susana que han prometido ayudarnos.

(Entra Juan enjugándose la frente con un pañuelo.)

JUAN

¿Qué tal estuve en mi papel?

LUISA

(A coro.) Muy bien.

JUAN

(Mirando a Saverio.) El señor...

LUISA

Te presento al señor Saverio, nuestro proveedor de manteca...

SAVERIO

Tanto gusto...

JUAN

El gusto es mío... *(Sentándose, a Luisa.)* ¿Así que estuve bien?

PEDRO

Por momentos, vacilante... Ahora, Juan, lo que necesitamos es encontrar la persona que encarne el papel de Coronel...

SAVERIO

¿Y cuál es el objeto de la farsa, doctor?

PEDRO

En breves términos: la obsesión de Susana circula permanentemente en torno de una cabeza cortada. La cabeza cortada es el leit-motiv de sus disquisiciones. Pues bien, nosotros hemos pensado en organizar una comedia con habilidad tal, que Susana asistirá a la escena en que Juan le corta la cabeza al Coronel. Estoy seguro que la impresión que a la enferma le producirá ese suceso terrorífico, la curará de su delirio.

SAVERIO

Pero ¿quién se va a dejar cortar la cabeza para curar a Susana?

PEDRO

La cabeza cortada me la procuraré yo en la morgue de algún hospital...

SAVERIO

Diablos... eso es macabro...

JUAN

No... no... Además es antihigiénico. Uno ignora de que habrá muerto el individuo con cuya cabeza anda a la greña...

SAVERIO

Además que si la familia se entera y quiere venir a reclamar la cabeza del muerto, puede armarse un lío...

PEDRO

También podemos presentarle una cabeza de cera goteando anilina.

LUISA

Eso, doctor… una cabeza de cera…

PEDRO

Yo, como médico, soy realista y preferiría una cabeza humana auténtica, pero… en fin… pasaremos por la de cera.

SAVERIO

¿No han averiguado de qué proviene su locura?

PEDRO

Probablemente… exceso de lecturas… una gran anemia cerebral…

SAVERIO

¿Menstrua correctamente?

PEDRO

(Serio.) Creo que sí. *(Luisa se tapa la boca con el pañuelo.)*

SAVERIO

Si ustedes me permiten y aunque no sea discreto

opinar en presencia de un facultativo, creo que nada reconstituye mejor a los organismos debilitados, que una alimentación racional a base de manteca.

PEDRO
La señorita Susana no está debilitada... está loca.

SAVERIO
La manteca también es eficaz para el cerebro, doctor. Gravísimas enfermedades provienen de alimentarse con manteca adulterada.

JUAN
Se trata de otras dolencias, Saverio

SAVERIO
(Enfático.) La manteca fortalece el sistema nervioso, pone elásticas las carnes, aliviana las digestiones...

PEDRO
No dudamos de las virtudes de la manteca, pero...

SAVERIO
(Imperturbable.) La civilización de un país se controla por el consumo de la manteca.

LUISA
Es que…

JUAN
Haga el favor, apártese de la manteca, Saverio.
Nosotros queremos saber si puede prestarnos el
servicio, pagándole, por supuesto, de desempeñar
el papel de Coronel en nuestra farsa.

SAVERIO
(Asombrado.) Yo de Coronel… soy antimilitarista.

PEDRO
Usted sería coronel de comedia… nada más…

SAVERIO
¿Y para qué la *comedia*? ¿No es ésta una magnífica
oportunidad para ensayar un tratamiento supera-
limenticio a base de manteca? Podría proveerles
toneladas. Manteca químicamente pura. Índice
muy bajo de suero.

PEDRO
Por favor… sea razonable, Saverio. Es disparata-
do curar la manteca… quiero decir, curar la demencia con manteca.

SAVERIO

Permítame, doctor. La manteca es una realidad, mientras que lo otro son palabras.

LUISA

Pero si a Susana nunca le gustó la manteca.

JUAN

La manteca le repugna.

PEDRO

Le tiene antipatía a la manteca.

SAVERIO

(Triunfalmente, restregándose las manos.) ¡Ah! ¿Han visto dónde venimos a poner el dedo en la llaga? ¡Con razón! En el organismo de la señorita Susana faltan las vitaminas A y D características de la buena manteca.

LUISA

Usted es un maniático de la manteca, Saverio.

SAVERIO

(Imperturbable.) Las estadísticas no mienten, señorita. Permítame un minuto. Mientras que un ciudadano argentino no llega a consumir dos kilos anuales de manteca, cada habitante de Nueva Ze-

landa engulle al año dieciséis kilos de manteca. Los norteamericanos, sin distinción de sexos, color ni edad, trece kilos anuales, los...

LUISA

Señor Saverio, por favor, cambie de conversación. Me produce náuseas imaginarme esas montañas de manteca.

SAVERIO

Como gusten. *(Sentándose.)* Yo trato de serles útil.

PEDRO

¿Y por qué no trata de ayudarnos, accediendo a lo que le pedimos?

LUISA

(Insinuante.) No es mucho, creo yo, señor Saverio.

SAVERIO

Es que yo no soy actor, señorita. Además, los coroneles nunca me han sido simpáticos.

JUAN

¿No vale la salud de Susana el sacrificio de sus simpatías?

LUISA

Yo misma lo encaminaría, Saverio.

PEDRO

Es casi un deber de humanidad.

JUAN

No olvide que la familia de mi prima es en cierto modo benefactora suya.

LUISA

Nosotros hace ya una buena temporada que le compramos manteca. No en cantidad que nos podamos comparar a los habitantes de Nueva Zelanda, pero, en fin...

SAVERIO

¿Y mi corretaje? Si yo me dedico a la profesión de coronel perderé los clientes, a quienes tanto trabajo me costó convencerles de que hicieran una alimentación racional a...

PEDRO

...a base de manteca.

SAVERIO

Lo adivinó.

JUAN

Usted no necesita abandonar su corretaje, Saverio. Con ensayar por las noches es más que suficiente para lo que requiere nuestra farsa.

SAVERIO

¿Y se prolongará mucho la comedia?

PEDRO

No, yo creo que tomando a la enferma en el momento supremo del delirio, su trabajo se limitará a la escena... digamos así... de la degollación...

SAVERIO

¿Y yo no corro ningún riesgo?

LUISA

Absolutamente ninguno, Saverio. Convénzase.

SAVERIO

(Semiconvencido.) Yo no sé... ustedes me ponen en...

LUISA

Ningún aprieto, Saverio, ninguno. Usted acepta porque tiene buen corazón.

PEDRO
Le juro que no esperábamos menos de usted.

SAVERIO
En fin...

JUAN
Su actitud es digna de un caballero.

PEDRO
Compraremos el uniforme de coronel en una ropería teatral.

LUISA
Y la espada... Ah, si me parece ver el espectáculo.

SAVERIO
Y yo también creo verlo. *(Restregándose las manos.)* ¿No cree usted que puedo ser un buen actor?

PEDRO
Sin duda, tiene el físico del dramático inesperado.

JUAN
Así, de perfil, me recuerda a Moisi.

LUISA

¿Quiere tomar el té con nosotros, Saverio?

SAVERIO

(Mirando precipitadamente el reloj.) Imposible, gracias. Tengo que entrevistarme ahora mismo con un mayorista...

JUAN

Podré llevarle el uniforme a su casa...

SAVERIO

Aquí tiene mi dirección. *(Escribe en una tarjeta. A Pedro.)* Y no olvide de hablarle a los dueños de los sanatorios.

PEDRO

No faltaba más.

SAVERIO

Señorita Luisa, tanto gusto.

LUISA

(Acompañándolo hasta la puerta.) Muchas gracias, Saverio. Iré con una amiga a verle ensayar. Se porta usted con nosotros como si fuera de nuestra familia.

SAVERIO

(De espaldas, mientras Pedro y Juan mueven la cabeza.) Me confunden sus palabras, señorita. Hasta pronto. *(Sale Saverio, y Luisa levanta los brazos al cielo.)*

ESCENA 8

(Dichos, menos Saverio; después Susana.)

LUISA

Es un ángel disfrazado de mantequero.

JUAN

(Gritando.) Susana, Susana, ya se fue… vení.

SUSANA

(Entrando triunfalmente.) ¿Qué tal estuve? ¿Aceptó?…

PEDRO

¡Genial! ¡Qué gran actriz resultás!

LUISA

Yo me mordía para no aplaudirte… ¡Qué talento tenés!

SUSANA

¿Así que aceptó?

JUAN

Y no. Pero lo admirable aquí es tu sentido de improvisación. Pasás de lo humorístico a lo trágico con una facilidad que admira.

LUISA

(Alegremente pensativa.) Susana…, sos una gran actriz. Por momentos le ponés frío en el corazón a uno.

PEDRO

Esta vez sí que nos vamos a divertir.

JUAN

Invitaremos a todo el mundo.

LUISA

Eso se descuenta.

SUSANA

(Abstraída.) Oh, claro que nos vamos a divertir.

(Los tres se quedan un instante contemplándola, admirados, mientras ella, absorta, mira el vacío con las manos apoyadas en el canto de la mesa.)

Telón lento

ACTO SEGUNDO

Modesto cuarto de pensión. Saverio, uniformado al estilo de fantástico coronel de republiqueta centroamericana, frente a la cama deshecha. Sobre la mesa, una silla. El conjunto de mesa y silla cubierto de sábanas y una colcha escarlata. La espada del coronel clavada en la mesa. Saverio, de espaldas, frente al espejo.

ESCENA 1

SAVERIO

(Subiendo al trono por la cama, extiende el índice perentoriamente después de empuñar la espada.) ¡Fuera, perros, quitaos de mi vista! *(Mirando al costado.)* General, que fusilen a esos atrevidos. *(Sonríe amablemente.)* Señor Ministro, creo conveniente trasladar esta divergencia a la Liga de las Naciones. *(Galante, poniéndose de pie.)* Marquesa, los favores que usted solicita son servicios por los que le quedo obligado. *(Con voz natural, sentándose.)* ¡Diablos, esta frase

ha salido redonda! *(Ahuecando la voz, grave y confidencial.)* Eminencia, la impiedad de los tiempos presentes acongoja nuestro corazón de gobernante prudente. ¿No podría el Santo Padre solicitar de los patronos católicos que impusieran un curso de doctrina cristiana a sus obreros? *(Apasionado, de pie.)* Señora, el gobernante es coronel, el coronel hombre, y el hombre la ama a usted. *(Otra vez en tono chabacano sentándose.)* Que me ahorquen si no desempeño juiciosamente mi papel de usurpador.

ESCENA 2

(Saverio y Simona.)

SIMONA

(Voz externa, apagada.) ¿Se puede?…

SAVERIO

(Gritando.) ¡Adelante!

(Entra la criada, Simona, la bandeja con el café en la mano, se detiene, turulata, apretando el canto de la bandeja contra el pecho.)

SIMONA

Vean cómo ha puesto las sábanas y la colcha este mal hombre!

SAVERIO

(Enfático.) Simona, tengo el tratamiento de Excelencia.

SIMONA

(Detenida en el centro del cuarto.) Y después dicen que una tiene mal carácter. Que es cizañera, chismosa y violenta. Vean cómo ha emporcado las sábanas. ¿Si no es un asco?

SAVERIO

Simona, no seas irrespetuosa con un hijo de Marte.

SIMONA

¡Qué martes ni miércoles! ¡Cómo se conoce que usted no tiene que deslomarse en la pileta fregando trapos! *(Espantada.)* ¡Y ha clavado la espada en la mesa! Si lo ve la señora, lo mata. ¿Usted está loco?

SAVERIO

(Encendiendo un cigarrillo.) Simona, no menoscabes la dignidad de un coronel.

SIMONA

(Colocando la bandeja en la mesa y echándole azúcar al café. Melancólicamente.) ¡Quién iba a decir que terminaría mis viejos años yendo los domingos al hospicio a llevarle naranjas a un pensionista que se volvió loco!

SAVERIO

Simona, me estás agraviando de palabra.

SIMONA

(Alcanzándole el café.) ¡Dejar lo seguro por lo dudoso, la manteca por una carnestolenda!

SAVERIO

(Exaltándose.) Simona, no despotriques. ¿Sabes lo que dicen los norteamericanos? *(Vocaliza escrupulosamente.)* "Give him a chance". ¿Sabes tú lo que significa "Give him a chance"? *(Simona guarda silencio.)* Lo ignoras, ¿no? Pues escucha, mujer iletrada: "Give him a chance" significa "dadme una oportunidad". Un compositor ha escrito este patético foxtrot: "A mí nunca me dieron una oportunidad". *(Expresivo y melifluo.)* ¿Y sabes tú quién es el quejoso de que nunca le dieron una oportunidad? Un jovencito, hijo de una honorable norteamericana. *(Grave, rotundo.)* Pues esa oportunidad me ha sido concedida, Simona.

SIMONA

Usted sabrá mucho de extranjerías, pero ese cargo de coronel de payasería, en vez de darle beneficio le producirá deudas y pesadumbre.

SAVERIO

No entiendo tu dialéctica pueril, Simona.

SIMONA

Ya me entenderá cuando se quede en la calle sin el pan y la manteca.

SAVERIO

(Impaciente.) ¿Pero no te das cuenta, mujer, que en las palabras que pronuncias radica tu absoluta falta de sentido político? ¡Ingenua! Se toma el poder por quince días y se queda uno veinte años.

SIMONA

(Llevándose las puntas del delantal a los ojos.) ¡Cómo desvaría! Está completamente fuera de sus cabales.

SAVERIO

(Autoritario.) Simona...

SIMONA

(Enjugándose los ojos.) ¿Qué, señor?

SAVERIO

(Bajando el tono.) Simona, ¿te he negado inteligencia alguna vez?

SIMONA

(Enternecida.) No, señor.

SAVERIO

Eres una fámula capacitada.

SIMONA

Gracias, señor.

SAVERIO

Pero… y aquí aparece un pero… *(Declamatorio.)* Te faltan esas condiciones básicas que convierten a una criada en un accidente histórico de significación universal.

SIMONA

(Para sí.) ¿Qué dice este hombre?

SAVERIO

Convéncete, Simona, tu fuerte no es la sensibilidad política *(grave),* ese siniestro sentido de la oportunidad, que convierte a un desconocido, de la mañana a la noche, en el hombre de Estado indispensable.

SIMONA

Señor Saverio, usted habla como esos hombres que en las esquinas del mercado venden grasa de serpiente, pero...

SAVERIO

Hablo como un director de pueblos, Simona.

SIMONA

Baje la cresta, señor Saverio. Acuérdese de sus primeros tiempos. *(Para sí.)* ¡Si me acuerdo! Volvía tan cansado, que cuando se quitaba los zapatos había que taparse las narices. Parecía que en su cuarto había un gato muerto.

SAVERIO

(Irritado.) ¡Oh, menestrala timorata! De escuchar tus consejos, Mussolini estaría todavía pavimentando las carreteras de Suiza, Hitler borroneando pastorelas en las cervecerías de Munich.

SIMONA

La mesa servida no es para todos, señor. *(Se escucha una voz que llama "Simona". Mutis rápido de Simona. Saverio baja del trono y se sienta a la orilla de la cama.)*

SAVERIO

¡Al diablo con estas mujeres! *(Luz baja.)*

65

ESCENA 3

(Durante un minuto Saverio permanece en la actitud de un hombre que sueña. De pronto aparece el vendedor de armamentos, revela su condición de personaje fantástico llevando el rostro cubierto por una máscara de calavera. Viste a lo jugador de golf, pantalón de fuelles y gorra a cuadritos. Lo sigue un caddie con el estuche de los palos a la espalda.)

SAVERIO

(Incorporándose.) ¿Quién es usted? ¿Qué desea?

IRVING

Excelencia, iba a jugar mi partidita de golf con el reverendo Johnson, delegado al Congreso Evangélico, cuando me dije: Combinemos el placer con los negocios. Soy Essel. *(Le extiende su tarjeta.)* Irving Essel, representante de la Armstrong Nobel Dynamite.

SAVERIO

Ah, ¿usted es vendedor de armamentos?

IRVING

(Sacando un puro y ofreciéndoselo a Saverio.) Nuestra obra civilizadora se extiende a todas las comarcas del planeta. Las usinas Armstrong, Excelencia, son benefactoras de cincuenta y dos naciones. Nuestro catálogo ilustrado, lamento no tenerlo

aquí, involucra todas las armas de guerra conocidas y desconocidas, desde el superdreagnouth hasta la pistola automática.

SAVERIO

No puede llegar usted más a punto. Necesito armamentos…, pero *(se atusa el bigote)* ¿conceden créditos, ustedes?

IRVING

Ahora que, como dice Lloyd George, hemos colgado muy alto de una cuerda muy corta a los pacifistas, no tenemos inconveniente en abrir ciertas cuentitas. ¡El trabajo que nos ha dado esa canalla!

SAVERIO

¿Y a qué debo el honor de su visita?

IRVING

Por principio, Excelencia, visitamos a los jefes de Estado que se inician en su carrera. Huelga decir que nuestras relaciones con generales y almirantes son óptimas. Podemos darle referencias…

SAVERIO

Entre caballeros huelgan…

IRVING

(Restregándose las manos.) Realmente, entre caballeros sobran estas bagatelas... *(carraspea)*, pero como los caballeros no viven del aire, quería informarle que si su país tuviera la desgracia o suerte de tener un conflicto con su Estado vecino, gustosamente nuestra fábrica le concedería a usted el diez por ciento de prima sobre los armamentos adquiridos, el cinco por ciento a los ministros y generales y el uno por ciento a los periódicos serios...

SAVERIO

Bagatelas...

IRVING

Exactamente, Excelencia. Minucias. La naturaleza humana es tan frágil como dice mi excelente amigo el reverendo Johnson, que únicamente con dádivas se la puede atraer al sendero de la virtud y el deber...

SAVERIO

Je, je... Muy bien, míster Irving. Veo que usted es filósofo.

IRVING

Excelencia, tanto gusto. *(Se marcha, vuelve sobre sí.)*

Me permito recomendarle a su atención nuestro nuevo producto químico, el Gas Cruz Violeta. Su inventor acaba de recibir el premio Nobel de la Paz. Good-bye, Excelencia.

SAVERIO

Indiscutiblemente, estos ingleses son cínicos. *(Golpean en la puerta. Sube luz.)*

ESCENA 4

(Entran Pedro, Luisa y Ernestina, una muchacha de veinte años.)

PEDRO

Buenas tardes, amigo Saverio.

SAVERIO

Buenas tardes, doctor.

LUISA

Pero ¡qué monada está, Saverio! Le voy a presentar a una amiguita, Ernestina.

SAVERIO

(Estrechándole la mano.) Tanto gusto.

69

PEDRO

¡Qué bien le queda el uniforme! A ver, ¿quiere darse vuelta? *(Saverio gira despacio sobre sí mismo.)*

ERNESTINA

Completamente a la moda.

PEDRO

Le da un aire marcial…

LUISA

Queda elegantísimo… Si usted se pasea por Florida, las vuelve locas a todas las chicas…

SAVERIO

No tanto, no tanto.

LUISA

(Picaresca.) Hágase el modesto, Saverio. *(A Ernestina.)* ¿No es cierto que se parece a Chevalier en "El desfile del amor"?

ERNESTINA

Cierto; usted, Saverio, tiene cierto parecido con Barrymore el joven.

SAVERIO

Extraño… ¿eh?

LUISA

¿Y no lo ha visto su novia así vestido?…

SAVERIO

(Estúpidamente.) No tengo novia, señorita…

ERNESTINA

Probablemente es casado y con hijos…

PEDRO

(Que hace un instante mira el catafalco armado por Saverio.)
¿Y eso qué es?

SAVERIO

Les diré… una parodia de trono, para ensayar…

PEDRO

(Preocupado.) Notable…

LUISA

¡Qué ingenio, qué maravilla! ¿No te decía yo, Ernestina? Éste es el hombre que necesitamos. *(Con
aspavientos.)* ¿Cómo nos hubiéramos arreglado sin
usted, Saverio?

PEDRO

Todo lo ha previsto, usted.

71

SAVERIO

(Observando que Luisa y Ernestina miran en redor.) Voy a
buscar sillas. Permiso. *(Sale.)*

ERNESTINA

Está loco, este hombre.

PEDRO

Es un infeliz, pero no le tomen el pelo tan desca-
radamente, que se va a dar cuenta. *(Entra Saverio
con tres sillas.)*

LUISA

¿Por qué se molestó, Saverio? *(Se sientan todos.)*

SAVERIO

No es molestia.

ERNESTINA

Muchas gracias. Señor Saverio, si no soy indiscre-
ta... ¿le cuesta mucho posesionarse de su papel
de coronel?

LUISA

(A Pedro.) No me hubiera perdonado nunca si me
pierdo este espectáculo.

SAVERIO

(A Ernestina.) Es cuestión de posesionarse, señorita.
Nuestra época abunda de tantos ejemplos de

hombres que no eran nada y terminaron siéndolo todo, que no me llama la atención vivir hoy dentro de la piel de un coronel.

PEDRO
¿Ha visto cómo tenía razón yo, Saverio, al solicitar su ayuda?

LUISA
Y usted decía que era antimilitarista...

PEDRO
Como en todo... es cuestión de empezar... y probar...

LUISA
¿Y qué estaba haciendo cuando nosotros llegamos?...

SAVERIO
Ensayaba...

LUISA
(Batiendo las manos como una niña caprichosa.) ¿Por qué no ensaya ahora, Saverio?

ERNESTINA
Oh, sí, señor Saverio, ensaye...

SAVERIO
Es que…

PEDRO
Conviene, Saverio. Seis ojos ven más que dos. Le hablo como facultativo.

LUISA
Naturalmente. Sea buenito, Saverio…

ERNESTINA
¿Ensayará, no, Saverio?

PEDRO
De paso le corregimos los defectos…

LUISA
Nunca las escenas improvisadas quedan bien.

SAVERIO
(A Pedro.) ¿Le parece a usted?

PEDRO
Sí…

SAVERIO
(Encaramándose al trono.) ¿Cómo sigue la señorita Susana?

LUISA

Los ataques menos intensos, pero muy frecuen-
tes...

PEDRO

Es al revés, Saverio... Los ataques menos frecuen-
tes, pero igualmente intensos...

SAVERIO

¿Y usted cree que se curará?

PEDRO

Yo pongo enormes esperanzas en la reacción que
puede provocar esta farsa.

SAVERIO

Y si no se cura, no se aflijan ustedes. Puede ser
que se avenga a partir el trono con el Coronel
usurpador.

PEDRO

No diga eso, Saverio...

SAVERIO

¿Por qué no? Usted sabe que las necesidades polí-
ticas determinan casamientos considerados a prima facie irrealizables.

LUISA

Saverio… calle usted…, piense que es mi hermana…

ERNESTINA

Sírvase la espada, Saverio.

SAVERIO

¿Hace falta?

PEDRO

Claro, estará en carácter. *(Saverio apoya la espada en
la mesa y se queda de pie con aspecto de fantoche serio.)*

SAVERIO

¿Estoy bien así?

LUISA

(Mordiendo su pañuelo.) Muy bien, a lo prócer.

PEDRO

Separe un poco la espada del cuerpo. Es más ga-
llardo.

SAVERIO

¿Así?

ERNESTINA

A mí me parece que está bien.

PEDRO

Enderece más el busto, Saverio. Los coroneles siempre tienen aspecto marcial.

SAVERIO

(Enderezándose pero sin exageración.) Bueno, yo me imagino que estoy aquí en el trono rechazando a enemigos políticos y exclamo *(Grita débilmente):* "Fuera perros".

ERNESTINA

(Desternillándose de risa.) No se oye nada, Saverio, más fuerte.

PEDRO

Sí, con más violencia.

SAVERIO

(Esgrimiendo enérgicamente el sable.) Fuera, perros…

ESCENA 5

(Bruscamente se abre la puerta y con talante de gendarme, queda detenida en su centro la Dueña de la pensión.)

DUEÑA

¿Qué escándalo es éste en mi casa? Vea demonio de hombre cómo ha puesto las sábanas y la colcha.

SAVERIO

No moleste, señora, estoy ensayando.

PEDRO

Si se produce algún desperfecto, pagaré yo.

DUEÑA

(Sin mirar a Pedro.) ¿Quién lo conoce a usted? *(A Saverio.)* Busque pieza en otra parte, porque esto no es un loquero, ¿sabe? *(Se marcha cerrando violentamente la puerta.)*

LUISA

Qué grosera esa mujer.

ERNESTINA

Vaya con el geniecito.

SAVERIO

Tiene el carácter un poco arrebatado. *(Despectivo.)* Gentuza que se ha criado chapaleando barro.

PEDRO

Continuemos con el ensayo.

SAVERIO

(A Pedro.) ¿Quiere hacer el favor, doctor?, cierre la puerta con llave. *(Pedro obedece y se queda de pie para seguir la farra.)*

ERNESTINA

¿Habíamos quedado?…

SAVERIO

Ahora es una conversación que yo mantengo durante el baile, en el palacio imperial, con una dama esquiva. Le digo: "Marquesa, el gobernante es coronel, el coronel es hombre y el hombre la ama a usted".

LUISA

Divino, Saverio, divino.

ERNESTINA

Precioso, Saverio. Me recuerda ese verso de la marquesa Eulalia, que escribió Rubén Darío.

PEDRO

Ha estado tan fino como el más delicado hombre de mundo.

ERNESTINA

Escuchándole, quién se imagina que usted es un simple vendedor de manteca.

LUISA

Mire si Susana, después de curarse, se enamora de usted.

SAVERIO

Ahora recibo una visita del Legado Papal. Como es natural, el tono de voz tiene que cambiar, trocarse de frívolo que era antes en grave y reposado.

LUISA

Claro, claro...

SAVERIO

A ver qué les parece: "Eminencia, la impiedad de los tiempos acongoja nuestro corazón de gobernante prudente. ¿No podríamos insinuarle al Santo Padre que hiciera obligatorio en las fábricas de patronos católicos un curso de doctrina cristiana para obreros descarriados?"

PEDRO

(*Violentamente sincero.*) Genialmente político, Saverio. Muy bien. Usted tiene un profundo sentido de lo que debe ser la ética social.

LUISA

Esos sentimientos de orden, lo honran mucho Saverio.

ERNESTINA

¡Oh! cuántos gobernantes debieran parecerse a usted.

SAVERIO

(*Bajando del trono.*) ¿Están satisfechos?

PEDRO

Mucho.

LUISA

Usted superó nuestras esperanzas.

SAVERIO

Me alegro.

ERNESTINA

Más no se puede pedir.

SAVERIO

(Quitándose el morrión.) ¡A propósito! Antes de que ustedes llegaran, pensaba en un detalle que se nos escapó en las conversaciones anteriores.

PEDRO

¿A ver?

SAVERIO

¿No tienen ustedes ningún amigo en el Arsenal de Guerra?

LUISA

No. *(A Pedro y Ernestina.)* ¿Y ustedes?

PEDRO y ERNESTINA

(A coro.) Nosotros tampoco. ¿Por qué?

SAVERIO

Vamos a necesitar algunas baterías de cañones antiaéreos.

PEDRO

(Estupefacto.) ¡Cañones antiaéreos!

SAVERIO

Además varias piezas de tiro rápido, ametralladoras y por lo menos un equipo de gases y lanzallamas.

LUISA

¿Pero para qué todo eso, Saverio?

SAVERIO

Señorita Luisa, ¿es un reino el nuestro o no lo es?

PEDRO

(Conciliador.) Lo es, Saverio, pero de farsa.

SAVERIO

Entendámonos… de farsa para los otros… pero real para nosotros…

LUISA

Usted me desconcierta, Saverio.

PEDRO

Andemos despacio que todo se arreglará. Dígame una cosa, Saverio: ¿Usted qué es, coronel de artillería, de infantería o de caballería?

SAVERIO

(Sorprendido.) Hombre, no lo pensé.

ERNESTINA

Pedro… por favor… un coronel de artillería es de lo más antipoético que pueda imaginarse.

LUISA

Susana se ha forjado un ideal muy distinto.

PEDRO

Como facultativo, Saverio, me veo obligado a declararle que el coronel de Susana es un espadón cruel pero seductor.

LUISA

Si ustedes me permiten, les diré esto: en las películas, los únicos coroneles románticos pertenecen al cuerpo de caballería.

SAVERIO

Señorita: en los Estados modernos, la caballería no cuenta como arma táctica.

ERNESTINA

Saverio, un coronel de caballería es el ideal de todas las mujeres.

LUISA

Claro... el caballo que va y viene con las crines al viento... los galopes...

SAVERIO

Esto simplifica el problema de la artillería, aunque yo preferiría ser secundado por fuerzas armadas. *(Golpean la puerta.)*

ESCENA 6

(Saverio, Pedro, Luisa y Ernestina, y Simona, que entra.)

SAVERIO

Adelante.

SIMONA

En la puerta hay dos hombres que traen un bulto
para usted.

PEDRO

¿No molestamos?

SAVERIO

Por el contrario, es una suerte que ustedes estén.
(A Simona que curiosea.) Haga pasar a esos hombres.
*(Mutis de Simona. Saverio aparta la mesa hasta el fondo de
la pared.)*

ESCENA 7

*(Siguiendo a Simona entran al cuarto dos hombres vestidos
de mecánicos. Sostienen soportes horizontales de madera, un
aparato cubierto de bolsas. Los presentes se miran sorprendi-
dos. Depositan la carga en el lugar donde estaba la mesa, si-
métricamente, de manera que el bulto queda encuadrado sobre el fondo rojo que traza el trono junto al muro.)*

HOMBRE 2º

Hay que firmar aquí. *(Le entrega a Saverio un talonario que éste firma. Saverio les da una propina. Los hombres saludan y se van. Simona queda de brazos cruzados.)*

SAVERIO

No la necesitamos, Simona. Puede irse. *(Simona se va de mala gana.)*

SAVERIO

(Cierra la puerta, luego se acerca al armatoste.) Señoritas, doctor, no podrán ustedes menos que felicitarme y reconocer que soy un hombre prudente. Vean. *(Destapa el catafalco, y los espectadores que se acercan, retroceden al reconocer en el aparato pintado de negro una guillotina.)*

LUISA

¡Jesús! ¿Qué es eso?

SAVERIO

(Enfático.) Qué va a ser… Una guillotina.

PEDRO

(Consternado.) ¿Pero, para qué una guillotina, Saverio?

SAVERIO

(*A su vez asombrado.*) ¿Cómo para qué?... y para qué puede servir una guillotina.

ERNESTINA

(*Asustada.*) Santísima Virgen, qué bárbaro es este hombre...

SAVERIO

¡Y cómo quieren gobernar sin cortar cabezas!

ERNESTINA

Vámonos, che...

PEDRO

Pero no es necesario llegar a esos extremos.

SAVERIO

(*Riéndose.*) Doctor, usted es de esos ingenuos que aún creen en las ficciones democráticas parlamentarias.

ERNESTINA

(*Tirando del brazo de Pedro.*) Vamos, Pedro..., se nos hace tarde.

PEDRO

Saverio... no sé qué contestarle. Otro día conversaremos.

SAVERIO

Quédense… les voy a enseñar cómo funciona…
Se tira de la soguita…

PEDRO

Otro día, Saverio, otro día. *(Los visitantes se van reti-*
rando hacia la puerta.)

SAVERIO

Podemos montar las guillotinas en camiones y
prestar servicio a domicilio.

ERNESTINA

(Abriendo la puerta.) Hasta la vista, Saverio. *(Los visi-*
tantes salen.)

SAVERIO

(Corriendo tras de ellos.) Se dejan los guantes, el sombrero. *(Mutis de Saverio un minuto.)*

ESCENA 8

(Grave entra Saverio a su cuarto. Se pasea en silencio frente a
la guillotina. La mira, la palmea como a una bestia.)

SAVERIO

Qué gentecilla miserable. Cómo han descubierto la enjundia pequeño-burguesa. No hay nada que hacer, les falta el sentido aristocrático de la carnicería. *(Restregándose las manos familiar, pero altisonante.)* Pero no importa mis queridos señores. Organizaremos el terror. Vaya si lo organizaremos. *(Se pasea en silencio, de pronto se detiene como si escuchara voces. Se lleva una mano a las orejas.)*

ESCENA 9

MICRÓFONO

(Súbitamente se deja oír la voz de varios altoparlantes eléctricos, que hablan por turno y con voces distintas. Saverio escucha atento y mueve la cabeza asintiendo.)

ALTOPARLANTE 1°

Noticias de último momento: Saverio, el Cruel, oculta sus planes a la Liga de las Naciones.

SAVERIO

Buena publicidad. El populacho admira a los hombres crueles.

ALTOPARLANTE 2°

Comunicaciones internacionales del Mensajero del Aire: Saverio rechaza toda negociación con las grandes potencias. Los ministros extranjeros se niegan a comentar la actitud del déspota.

ALTOPARLANTE 3°

(Largo llamado de sirena, mientras haces de luces de reflectores cruzan el escenario. En sombra, la figura de Saverio.) Informaciones de la Voz del Aire. Comunicados de última hora. La actitud del dictador Saverio paraliza toda negociación internacional. Desconcierto general en las cancillerías. ¿Saverio provocará la guerra? *(Callan las voces, se apagan los reflectores, y Saverio se pasea silencioso.)*

SAVERIO

Hay que demostrar una extrema frialdad política. *(Grave.)* Las cabezas caerán en el cesto de la guillotina como naranjas en tiempo de cosecha. *(Comienza a cambiarse precipitadamente de traje. Cuando se ha puesto los pantalones golpean en la puerta. Cubre rápidamente la guillotina.)* Adelante...

ESCENA 10

(Saverio y Simona, que entra.)

SIMONA

Tengo que hacer la cama. *(Retira las sábanas de la mesa, mientras Saverio se arregla frente al espejo.)* Vean cómo las ha puesto con los pies. *(Se las muestra.)* Es una vergüenza. *(Las sacude.)*

SAVERIO

(Irritado.) ¿Empezamos otra vez? *(Bruscamente se vuelve a Simona.)* Simona, a pesar de tu rústica corteza, sos una mujer inteligente.

SIMONA

(Resentida.) Eh…

SAVERIO

Me has dado una buena idea, Simona.

SIMONA

¿Qué está rezongando así?

SAVERIO

Sos una mujer inteligente. Tu idea es prudente.

SIMONA
Miren la colcha. Una colcha flamante.

SAVERIO
Yo iba a dejar el corretaje de manteca, pero ahora conservaré mi puesto.

SIMONA
Por fin dijo algo razonable.

SAVERIO
Pediré permiso por algunos días.

SIMONA
(Sin volver la cabeza, tendiendo la cama.) Me alegro.

SAVERIO
(Palmeando a Simona en la espalda y cogiendo su sombrero.) Querida, en los Evangelios está escrito: "Sed astutos como serpientes y cándidos como palomas". Good-bye, hermosa. *(Se marcha, mientras la sirvienta menea la cabeza extendiendo la colcha.)*

Telón

ACTO TERCERO

Decorado: salón de rojo profundo. Puertas laterales. Al fondo, sobre el estrado alfombrado, un trono. Pocas bujías encendidas. Ventanas abiertas. Fondo lunado sobre arboledas. Invitados que pasean y charlan, caracterizados con trajes del siglo XVIII.

ESCENA 1

(Vals: Pedro, Juana, Ernesto, Dionisia, Ernestina, Luisa y Demetria.)

PEDRO

(A Juana.) Menuda fiesta nos damos.

JUANA

¿Estoy bien, yo?

PEDRO

Preciosa.

ERNESTO

¿Cómo me queda este morrión?

JUANA

Parecés un perro de agua.

DIONISIA

(A Juana.) ¡Vaya el trabajo que nos da el bendito Saverio!...

ESCENA 2

(Dichos, Juan, Roberto y María.)

JUAN

(Aparece vestido de pastor de grabado, semidesnudo con una piel de cabra que lo envuelve hasta las rodillas.) ¡Oh, la juventud! *(Lo rodean.)*

JUANA

(A Juan.) ¿Vos tenés que cortarle la cabeza al Coronel?

JUAN

Sí.

PEDRO

La cabeza cortada está ahí. *(Señala una puerta lateral.)*

ERNESTINA

Esta maceta estorba aquí. *(La arrima a un costado.)*

LUISA

El carnaval es completo. Únicamente faltan las serpentinas.

DEMETRIO

(A Luisa.) ¿Es cierto que ese hombre tiene una guillotina en su casa?

LUISA

Preguntáselo a Ernestina.

ROBERTO

(Vestido de coracero.) ¡Ufa!… ¡Cómo molesta esto! *(Se arranca los mostachos y se los guarda en el bolsillo.)*

LUISA

(A Juan.) ¿Y Susana?

JUAN

Está terminando de arreglarse.

PEDRO
Me voy a esperar a Saverio.

ERNESTINA
Mirá si no viene...

LUISA
No seas mala persona.

ESCENA 3

(Por la puerta que da al trono, sobre el estrado, aparece Susana. Está caracterizada a lo protagonista de tragedia antigua, el cabello suelto, túnica de pieles y sandalias. El rostro demacrado, las ojeras profundas. Su aspecto es siniestro.)

SUSANA
Alegres invitados, ¿cómo me encuentran?

(Cesa la música.)

TODOS
(A coro.) Bien, bien...

JUAN
(Saltando al estrado.) Distinguida concurrencia. Un minuto de silencio, que no seré latero. Tengo el

gusto de presentarles a la inventora de la tragedia y de la más descomunal tomadura de pelo que se tiene conocimiento en Buenos Aires. Nosotros los porteños nos hemos especializado en lo que técnicamente denominamos cachada. La cachada involucra un concepto travieso de la vida. Si mal no recuerdo, el difunto literato José Ingenieros organizó, con otros animales de su especie, una peña de cachadas, pero todas palidecen comparadas con ésta, cuya autora es la pulcra jovencita que con ojos apasionados contemplamos todos. Servidos, señores.

VOCES

Bien, bien, que hable Susana.

VOCES

Sí, que hable. *(Juan baja del estrado.)*

SUSANA

(Avanza hacia la punta del estrado. Se hace silencio.) No conviene que un autor hable de su obra antes de que el desenlace horripile a la concurrencia. Lo único que les digo es que el final les divertirá bárbaramente. *(Baja. Aplausos. Los grupos se desparraman y charlan entre sí.)*

LUISA

Apártate un poco el pelo de la frente.

SUSANA
¿Qué tal estoy?

ERNESTO
Tenés un aspecto trágico.

DIONISIA
Si recitás bien lo que aprendiste, vas a poner frío en el alma.

DEMETRIO
Tenés el aspecto de una endemoniada.

ERNESTINA
El que está bien es Juan con su piel de cabra.

JUAN
(Incorporándose al grupo. A Susana.) Mirá si Saverio no viene…

SUSANA
Vendrá, no te preocupés.

DEMETRIO
A la que no veo por aquí es a Julia.

SUSANA
(Irónicamente.) Julia es una mujer seria, que no toma parte en estas payasadas.

DEMETRIO

Mirá si te salís casando con el mantequero.

SUSANA

(Irritada.) No digas pavadas.

MARÍA

El alboroto que se arma dentro de un rato aquí.

DEMETRIO

(Volviéndose a todos y guiñándoles un ojo.) Pero qué pálida estás, Susana...

SUSANA

(Fría.) Me he pintado mucho.

JUAN

¿No será miedo al Coronel?

MARÍA

Mirá si intenta cortarle la cabeza... *(A los otros.)* Bueno, nosotros estamos aquí para defenderte.

DEMETRIO

¡Qué bueno sería que Saverio trajera la guillotina aquí!

JUAN

(*A Susana.*) No tengas cuidado. Le hemos puesto en la vaina un sable de cartón.

SUSANA

Me alegro de esa precaución. No está de más.

PEDRO

(*Irónico.*) Esta vez parece que ustedes se divierten en grande, ¿eh?

DIONISIA

¿Y vos? Creo que sos el que más se divierte.

ERNESTINA

Deberíamos buscar a Julia.

SUSANA

(*Vivamente.*) No, por favor. Déjenla tranquila.

JUAN

(*Mirando en redor.*) Pido la palabra. En mi pequeño discurso de hoy se me olvidó esta aclaración: ¿Saben lo que me recuerda esta escena? El capítulo del Quijote en que Sancho Panza hace de gobernador de la ínsula de Barataria.

DEMETRIO

Es cierto… Y nosotros… el de duques locos.

JUAN

(Guiñando el ojo a todos.) ¿Quién es el loco aquí?

TODOS

(Haciendo círculo en derredor de Susana, señalándola con el dedo.) Susana.

SUSANA

(Amablemente.) Y quiero seguir siendo loca, porque siendo loca pongo en movimiento a los cuerdos, como muñecos.

JUAN

(Levantando el brazo.) Aquí todos somos locos, pero el más miserable de los locos aún no ha venido. Se hace desear. Hace sufrir a Susana. *(Volviendo a los otros.)* Porque Susana ama al vendedor de manteca. Lo ama tiernamente.

SUSANA

(Riendo forzada.) Esto sí que está bueno…

JUAN

(Exaltado y declamatorio.) Pero yo también amo a Susana. Pero ella, sorda, no escucha mis palabras. Sigue su ruta por un camino sombrío e ignorado.

TODOS

   (A coro.) Bien… Bien…

JUAN

   No digo más… Me han interrumpido en lo mejor.

LUISA

   Pero ese Saverio, ¿viene o no viene?

DEMETRIO

   Parece que no viene.

ERNESTINA

   (A Pedro.) ¿Por qué no vas a la estación?

ESCENA 4

(Dichos, y la Mucama, que sale luego con Susana.)

MUCAMA

   Niña, ya llegó el señor Saverio.

SUSANA

   Hasta luego… A ver cómo se portan. *(Mutis Susana y Mucama.)*

JUAN

Todo esto es maravilloso. ¿Y saben por qué es maravilloso? Porque en el aire flota algo indefinible. Olor a sangre. *(Riéndose.)* Preveo una carnicería.

ERNESTINA

No hablés así, bárbaro.

JUAN

¿No huelen la sangre, ustedes?

VOCES

Que se calle...

JUAN

Conste que me callo, pero certifico mis presentimientos.

LUISA

¿No querés que llamemos a un escribano?

ESCENA 5

(Dichos y la Mucama, luego Saverio y Pedro.)

MUCAMA

Ahí viene el señor Saverio. *(Sale.)*

JUAN

Bueno, pórtense decentemente, ¿eh?

(Saverio se presenta súbitamente en el salón, seguido de Pedro. Los espectadores se apartan instintivamente al paso de Saverio, que camina marcialmente. No saluda a nadie. Su continente impone respeto.)

JUAN

(Avanza al centro del salón.) Señor Saverio, la cabeza cortada está en este cuarto. *(Señala una puerta.)*

SAVERIO

¿Usted hace el papel de pastor?

JUAN

Sí, señor.

SAVERIO

Puede retirarse. *(Juan sale desconcertado. Saverio sube al trono y mira a la concurrencia, que también le mira a él.)* Señores, la farsa puede comenzar cuando ustedes quieran. *(A Pedro.)* Ordene a la orquesta que toque. *(Sale Pedro.)*

ESCENA 6

(Saverio se sienta en el trono y comienza a sonar un vals. Saverio mira pensativo a las parejas, que al llegar bailando frente a él vuelven la cabeza para observarlo.)

HERALDO

(Presentándose al final del salón. Con trompeta plateada y pantalones a la rodilla, lanza un toque de atención, y las parejas se abren en dos filas.) Majestad, la reina Bragatiana quiere verle.

SAVERIO

(Siempre sentado.) Que pase.

SUSANA

(Majestuosamente avanza entre las dos filas.) ¿Los señores duques se divierten? *(Saverio no abandona su actitud meditativa y fría.)* ¡Su reina fugitiva padeciendo en tierras de ignorada geografía! ¡Ellos bailando! Está bien. *(Lentamente.)* ¿Qué veo? Aquí no hay fieras de piel manchada, pero sí elegantes corazones de acero. El Coronel permanece pensativo. *(Saverio no vuelve la cabeza para mirarla.)* Obsérvenle ustedes. No me mira. No me escucha. *(Bruscamente rabiosa.)* ¡Coronel bellaco, mírame a la cara!

SAVERIO

(A la concurrencia.) Lástima que los señores duques
no tuvieran una reina mejor educada.

SUSANA

(Irónica.) ¡Miserable! ¿Pensabas tú en la buena
crianza cuando me arrebataste el trono? *(Patética.)*
Destruiste el paraíso de una virginal doncella.
Donde ayer florecían rosas, hoy rechina hierro
homicida.

SAVERIO

¿Está haciendo literatura, Majestad?

SUSANA

A la elocuencia de la inocencia ultrajada el Coronel la llama literatura. Mírenme, señores duques.
Hagan la caridad. ¿Es digno de una reina mi ata-
vío? ¿Dónde están las doncellas que prendían flores en mis cabellos? Miro, las busco inútilmente y
no las encuentro. ¡Ah, sí ya sé! ¿Y mis amigos?
Mis dulces amigos. *(Gira la cabeza.)* Tampoco los
veo. *(Ingenua.)* ¿Estarán en su hogar, acariciando a
sus esposas, entregados a tiernos juegos con sus
hijos? *(Terrorífica.)* No. Se pudren en las cárceles.
En sus puestos, traman embustes los apoderados
del Coronel. *(Burlona.)* Del Coronel que no se digna mirarme. ¿Y por qué no me mira el señor Co-

ronel? Porque es duro de mirar cara a cara al propio crimen. *(Se pasa una mano por la frente. Permanece un segundo en silencio. Se pasa lentamente las manos por las mejillas.)* ¡Dura cosa es el exilio! ¡Dura cosa es no tener patria ni hogar! Dura cosa es temblar al menor suspiro del viento. Cuando miro a los campesinos ensarmentando viñas y escucho a las mozas cantando en las fuentes, torrentes de lágrimas me queman las mejillas, ¿Quién es más desdichada que yo en la Tierra? ¿Quién es el culpable de esta obra nefasta? Allí está *(lo señala con el índice)*, fríamente sentado. Receloso como el caballo falso. Mientras él retoza en mullido lecho, yo, semejante a la loba hambrienta, merodeo por los caminos. No tengo esposo que me proteja con su virilidad, no tengo hijos que se estrechen contra mi pecho buscando generosa lactancia.

SAVERIO

(Siempre frío.) Indudablemente, señora, los hijos son un consuelo.

SUSANA

¿Lo escucharon? *(Suplicante.)* ¿Levantaron acta de su frialdad burlona? Los hijos son un consuelo. ¡Contéstanos, hombre siniestro! ¿Fuiste consuelo de la que te engendró? ¿Qué madre venenosa adobó en la cuna tus malos instintos? ¿Callas?

¿Qué nodriza te amamantó con leche de perversidad?

SAVERIO

(Siempre frío y ausente.) Hay razones de Estado.

SUSANA

(Violentísima.) ¡Qué me importa el Estado, feroz fabricante de desdichas! ¿Te he pedido consejos, acaso? Bailaba con mis amigas en los prados, al son de los violines... Violines... qué lejos estáis... ¿Te llamaron acaso mis consejeros? ¿Te solicité que remendaras leyes, que zurcieras pragmáticas? Pero guarda silencio, hombre grosero. Te defiendes con el silencio, Coronel. Tuya es la insolencia del caporal, tuya la estolidez del recluta. Pero no importa. *(Suave.)* Lo he perdido todo, sólo quiero ganar un conocimiento..., y ese conocimiento, Coronel, que es lo único que te pido, es que me aclares el enigma de la criminal impasibilidad con que me escuchas.

SAVERIO

(Se pone de pie.) Le voy a dar la clave de mi silencio. El otro día vino a verme su hermana Julia. Me informó de la burla que usted había organizado con sus amigas. Comprenderá entonces que no puedo tomar en serio las estupideces que está us-

ted diciendo. *(Al escuchar estas palabras, todos retroceden como si recibieran bofetadas. Silencio mortal. Saverio se sienta, impasible.)*

SUSANA

(Dirigiéndose a los invitados.) Les ruego que me dejen sola. Tengo que pedirle perdón a este hombre. *(Cara al suelo, silenciosamente salen los invitados.)*

ESCENA 7

(Saverio y Susana.)

SUSANA

Es terrible la jugada que me ha hecho, Saverio, pero está bien. *(Se sienta al pie del trono, pensativamente.)* Luces, tapices. Y yo aquí sentada a tus pies como una pobre vagabunda. *(Levantando la cara hacia Saverio.)* Se está bien en el trono, ¿eh, Coronel? Es agradable tener la Tierra girando bajo los pies.

SAVERIO

(Poniéndose de pie.) Me marcho.

SUSANA

(Levantándose precipitada, le toma los brazos.) Oh, no,

quédese usted, por favor. Venga… Miremos la luna. *(Lo acompaña, tomándolo del brazo, hasta la ventana.)* ¿No le conmueve este espectáculo, Coronel?

SAVERIO

(Secamente.) ¿Por qué se obstina en proseguir la farsa?

SUSANA

(Sincera.) Me agrada tenerle aquí solo, conmigo. *(Riéndose.)* ¿Así que usted se hizo fabricar una guillotina? Eso sí que está bueno. Usted es tan loco como yo. *(Saverio se deshace de su mano, se sienta pensativo en el trono. Susana se queda de pie.)*

SUSANA

¿Por qué no me escucha? ¿Quiere que me arrodille ante usted? *(Se arrodilla.)* La princesa loca se arrodilla ante el desdichado hombre pálido. *(Saverio no la mira. Ella se para.)* ¿No me escucha, Coronel?

SAVERIO

Me han curado de presunciones las palabras de su hermana Julia.

SUSANA

Julia… Julia… ¿Qué sabe Julia de sueños? Usted

sí que es capaz de soñar. Vea que mandar a fabricar una guillotina... ¿Corta bien la cuchilla?

SAVERIO
Sí.

SUSANA
¿Y no es feliz de tener esa capacidad para soñar?

SAVERIO
¿Feliz? Feliz era antes...

SUSANA
¿Vendiendo, manteca?

SAVERIO
(Irritado.) Sí, vendiendo manteca. *(Exaltándose.)* Entonces me creía lo suficiente poderoso para realizar mi voluntad en cualquier dirección. Y esa fuerza nacía de la manteca.

SUSANA
¿Tanta manteca comía usted?

SAVERIO
Para ganarme la vida tenía que realizar tales esfuerzos, que inevitablemente terminé sobreestimando mi personalidad.

SUSANA

¿Y ahora está ofendido conmigo?

SAVERIO

Usted no interesa… es una sombra cargada de palabras. Uno enciende la luz y la sombra desaparece.

SUSANA

Tóqueme… verá que no soy una sombra.

SAVERIO

Cuando yo tenía la cabeza llena de nubes, creía que un fantasma gracioso suplía una tosca realidad. Ahora he descubierto que cien fantasmas no valen un hombre. Escúcheme, Susana: antes de conocerlos a ustedes era un hombre feliz… Por la noche llegaba a mi cuarto enormemente cansado. Hay que lidiar mucho con los clientes, son incomprensivos. Unos encuentran la manteca demasiado salada, otros demasiado dulce. Sin embargo, estaba satisfecho. El trabajo de mi caletre, de mis piernas, se había trocado en sustento de mi vida. Cuando ustedes me invitaron a participar de la farsa, como mi naturaleza estaba virgen de sueños espléndidos, la farsa se transformó en mi sensibilidad en una realidad violenta, que hora por hora modificaba la arquitectura de mi vida. *(Calla un instante.)*

SUSANA

Continúe, Saverio.

SAVERIO

¡Qué triste es analizar un sueño muerto! Entonces mis alas de hormiga me parecían de buitre. Aspiraba encontrarme dentro de la piel de un tirano. *(Abandona el trono y se pasea nervioso.)* ¿Comprende mi drama?

SUSANA

Nuestra burla...

SAVERIO

(Riéndose.) No sea ingenua. Mi drama es haber comprendido, haber comprendido... que no sirvo ni para coronel de una farsa... ¿No es horrible esto? El decorado ya no me puede engañar. Yo que soñé ser semejante a un Hitler, a un Mussolini: comprendo que todas estas escenas sólo pueden engañar a un imbécil...

SUSANA

Su drama consiste en no poder continuar siendo un imbécil.

SAVERIO

(Sarcástico.) Exacto, exacto. Cuánta razón tenía Simona.

SUSANA

¿Quién es Simona?

SAVERIO

La criada de la pensión. Cuánta razón tenía Simona al decirme: "Señor Saverio, no abandone el corretaje de manteca. Señor Saverio, mire que la gente de este país come cada día más manteca". Usted sonríe. Resulta un poco ridículo parangonar la venta de la manteca con el ejercicio de una dictadura. En fin... ya está hecho. No he valorado mi capacidad real, para vivir lo irreal...

SUSANA

¿Y yo, Saverio? ¿Yo... no puedo significar nada en su vida?...

SAVERIO

¿Usted? Usted es un monstruo...

SUSANA

(Retrocediendo.). No diga eso.

114

SAVERIO

Naturalmente. La mujer que es capaz de compaginar fríamente la farsa que usted ha montado, es una fiera. No se lastima de nada ni de nadie.

SUSANA

Quería conocerlo a través de mi farsa.

SAVERIO

Ésas son tonterías. *(Paseándose.)*

SUSANA

Era la única forma de medir su posible correspondencia conmigo. Ansiaba conocer al hombre capaz de vivir un gran sueño.

SAVERIO

Usted se confunde. No ha soñado. Ha ridiculizado... Es algo muy distinto eso, creo.

SUSANA

Saverio, no sea cruel.

SAVERIO

Si hace quince días alguien me hubiera dicho que existía una mujer capaz de urdir semejante trama, me hubiera conceptuado feliz en conocerla. Hoy su capacidad de fingimiento se vuelve contra usted. ¿Quién puede sentirse confiadamente a su lado? Hay un fondo repugnante en usted.

SUSANA

Saverio, cuidado, no diga palabras odiosas.

SAVERIO

Ustedes son la barredura de la vida. Usted y sus amigas. ¿Hay acaso actitud más feroz, que esa indiferencia consciente con que se mofan de un pobre diablo?

SUSANA

Esto es horrible.

SAVERIO

¿Tengo yo la culpa? Me han dado vuelta como a un guante.

SUSANA

Estoy arrepentida. Saverio, créame…

SAVERIO

(*Fríamente.*) Es posible… pero usted saldrá de esta aventura y se embarcará en otra porque su falta de escrúpulos es maravillosa… Lo único que le interesa es la satisfacción de sus caprichos. Yo, en cambio, termino la fiesta agotado para siempre.

SUSANA

¿Qué piensa hacer?

SAVERIO

Qué voy a pensar... volver a mi trabajo.

SUSANA

No me rechace, Saverio. No sea injusto. Trate de hacerse cargo. Cómo puede una inocente jovencita conocer el corazón del hombre que ansía por esposo...

SAVERIO

¿Volvemos a la farsa?

SUSANA

¿Que mi procedimiento es ridículo? En toda acción interesan los fines, no los medios. Saverio, si usted ha hecho un papel poco airoso, el mío no es más brillante. Vaya y pregúntele a la gente qué opina de una mujer que se complica en semejante farsa... y verá lo que le contestan. *(Saverio se sienta en el trono, fatigado.)* ¡Qué cara de cansancio tiene! *(Saverio apoya la cara en las manos y los codos en las rodillas.)* ¡Cuánto me gustas así! No hables, querido. *(Le pasa la mano por el cabello.)* Estás hecho pedazos, lo sé. Pero si te fueras y me dejaras, aunque vivieras cien siglos, cien siglos vivirías arrepintiéndote y preguntando: ¿Dónde está Susana? ¿Dónde mi paloma?

SAVERIO

(Sin levantar la cabeza.) ¡Valiente paloma está hecha usted!

SUSANA

(Acariciándole la cabeza.) ¿Estás ofendido? ¿No es eso, querido? Oh, no, es que acabas de nacer, y cuando se acaba de nacer se está completamente adolorido. La soledad te ha convertido en un hombre agreste. Ninguna mujer antes que yo te habló en este idioma. Necesitabas un golpe, para que del vendedor de manteca naciera el hombre. Ahora no te equivocarás nunca, querido. Caminarás por la vida serio, seguro. Eres un poco criatura. Tu dolor es el de la mariposa que abandona la crisálida.

SAVERIO

(Restregándose el rostro.). ¡Cómo pesa el aire aquí!

SUSANA

(Poniéndose de pie a su lado.) Soy la novia espléndida

que tu corazón esperaba. Mírame, amado. Me
gustaría envolverte entre mis anillos, como si fuera una serpiente de los trópicos.

SAVERIO

(*Retrocediendo instintivo en el sillón.*) ¿Qué dice de la
serpiente? (*Con extrañeza.*) ¡Cómo se han agranda-
do sus ojos!

SUSANA

Mis ojos son hermosos como dos soles, porque
yo te amo, mi Coronel. Desde pequeña te busco
y no te encuentro. (*Se deja caer al lado de Saverio. Le
pasa la mano por el cuello.*)

SAVERIO

Mire que puede entrar gente.

SUSANA

¿Te desagrada que esté tan cerca tuyo?

SAVERIO

Parece que se estuviera burlando.

SUSANA

(*Melosa.*) ¿Burlarme de mi Dios? ¿Qué herejía has
dicho, Saverio?

SAVERIO

   (Violento.) ¿Qué farsa es la tuya? *(Le retira violentamente el brazo.)*

SUSANA

   ¿Por qué me maltratas así, querido?

SAVERIO

   Disculpe… pero su mirada es terrible.

SUSANA

   Déjame apoyar en ti. *(Le abraza nuevamente por el cuello.)*

SAVERIO

   Hay un odio espantoso en su mirada. *(Trata de desasirse.)*

SUSANA

   No tengas miedo, querido. Estás impresionado.

SAVERIO

   (Desconcertado.) ¿Qué le pasa? Está blanca como una muerta.

SUSANA

   (Melosa.) ¿Tienes miedo, querido?

SAVERIO

(Saltando del trono.) ¿Qué oculta en esa mano?

SUSANA

(Súbitamente rígida, de pie en el estrado.) Miserable...

SAVERIO

¡Susana! *(Súbitamente comprende y grita espantado.)* Esta mujer está loca de verdad... Julia... *(Susana extiende el brazo armado de un revólver.)* ¡No! ¡Susana!

ESCENA 8

(Suenan dos disparos. Los invitados aparecen jadeantes en la puerta del salón. Saverio ha caído frente al estrado.) (Dichos, Juan, Pedro, Julia, etcétera.)

JUAN

¿Qué has hecho, Susana? *(Susana, cruzada de brazos, no contesta. Mira a Saverio.)*

PEDRO

(Inclinándose sobre Saverio.) ¿Está herido, Saverio?

(Julia avanza hasta el centro de la sala, pero cae desmayada antes de llegar a Susana.)

SUSANA

(Mirando a los hombres inclinados sobre Saverio.) Ha sido inútil, Coronel, que te disfrazaras de vendedor de manteca.

PEDRO

Saverio... perdón... no sabíamos.

JUAN

Nos ha engañado a todos, Saverio.

SAVERIO

(Señalando con un dedo a Susana.) No era broma. Ella estaba loca. *(Su brazo cae. Los invitados se agrupan en las puertas.)*

Telón final

LA ISLA DESIERTA

Burlería en un acto

PERSONAJES

EL JEFE
MANUEL
MARÍA
EMPLEADO 1°
EMPLEADO 2°
TENEDOR DE LIBROS
EMPLEADA 1ª
EMPLEADA 2ª
EMPLEADA 3ª
CIPRIANO (MULATO)
DIRECTOR

ACTO ÚNICO

Oficina rectangular blanquísima, con ventanal a todo lo ancho del salón, enmarcando un cielo infinito caldeado en azul. Frente a las mesas escritorios, dispuestos en hilera como reclutas, trabajan, inclinados sobre las máquinas de escribir, los empleados. En el centro y en el fondo del salón, la mesa del jefe, emboscado tras unas gafas negras y con el pelo cortado como la pelambre de un cepillo. Son las dos de la tarde, y una extrema luminosidad pesa sobre estos desdichados simultáneamente encorvados y recortados en el espacio por la desolada simetría de este salón de un décimo piso.

EL JEFE
Otra equivocación, Manuel.

MANUEL
¿Señor?

EL JEFE
Ha vuelto a equivocarse, Manuel.

MANUEL
Lo siento, señor.

EL JEFE
Yo también. *(Alcanzándole la planilla.)* Corríjala. *(Un minuto de silencio.)*

EL JEFE
María.

MARÍA
¿Señor?

EL JEFE
Ha vuelto a equivocarse, María.

MARÍA
(Acercándose al escritorio del jefe.) Lo siento, señor.

EL JEFE
También yo lo voy a sentir cuando tenga que hacerlos echar. Corrija.

(Nuevamente hay otro minuto de silencio. Durante este intervalo pasan chimeneas de buques y se oyen las pitadas de un remolcador y el bronco pito de un buque. Automáticamente todos los empleados enderezan las espaldas y se quedan mirando la ventana.)

EL JEFE

(Irritado.) ¡A ver si siguen equivocándose!

(Pausa.)

EMPLEADO 1°

(Con un apagado grito de angustia.) ¡Oh! no; no es posible.

(Todos se vuelven hacia él.)

EL JEFE

(Con venenosa suavidad.) ¿Qué no es posible, señor?

MANUEL

No es posible trabajar aquí.

EL JEFE

¿No es posible trabajar aquí? ¿Y por qué no es posible trabajar aquí? *(Con lentitud.)* ¿Hay pulgas en las sillas? ¿Cucarachas en la tinta?

MANUEL

(Poniéndose de pie y gritando.) ¡Cómo no equivocarse! ¿Es posible no equivocarse aquí? Contésteme. ¿Es posible trabajar sin equivocarse aquí?

EL JEFE

No me falte, Manuel. Su antigüedad en la casa no lo autoriza a tanto. ¿Por qué se arrebata?

MANUEL

Yo no me arrebato, señor. *(Señalando la ventana.)* Los culpables de que nos equivoquemos son esos malditos buques.

EL JEFE

(Extrañado.) ¿Los buques? *(Pausa.)* ¿Qué tienen los buques?

MANUEL

Sí, los buques. Los buques que entran y salen, chillándonos en las orejas, metiéndosenos por los ojos, pasándonos las chimeneas por las narices. *(Se deja caer en la silla.)* No puedo más.

TENEDOR DE LIBROS

Don Manuel tiene razón. Cuando trabajábamos en el subsuelo no nos equivocábamos nunca.

MARÍA

Cierto; nunca nos sucedió esto.

EMPLEADA 1ª

Hace siete años.

EMPLEADO 1º

¿Ya han pasado siete años?

EMPLEADO 2º

Claro que han pasado.

TENEDOR DE LIBROS

Yo creo, jefe, que estos buques, yendo y viniendo, son perjudiciales para la contabilidad.

EL JEFE

¿Lo creen?

MANUEL

Todos lo creemos. ¿No es cierto que todos lo creemos?

MARÍA

Yo nunca he subido a un buque, pero lo creo.

TODOS

Nosotros también lo creemos.

EMPLEADA 2ª

Jefe, ¿ha subido a un buque alguna vez?

EL JEFE

¿Y para qué un jefe de oficina necesita subir a un buque?

MARÍA

¿Se dan cuenta? Ninguno de los que trabajan aquí ha subido a un buque.

EMPLEADA 2ª

Parece mentira que ninguno haya viajado.

EMPLEADO 2º

¿Y por qué no ha viajado usted?

EMPLEADA 2ª

Esperaba a casarme…

TENEDOR DE LIBROS

Lo que es a mí, ganas no me han faltado.

EMPLEADO 2º

Y a mí. Viajando es como se disfruta.

EMPLEADA 3ª

Vivimos entre estas cuatro paredes como en un calabozo.

MANUEL

Cómo no equivocarnos. Estamos aquí suma que te suma, y por la ventana no hacen nada más que pasar barcos que van a otras tierras. *(Pausa.)* A otras tierras que no vimos nunca. Y que cuando fuimos jóvenes pensamos visitar.

EL JEFE

   (Irritado.) ¡Basta! ¡Basta de charlar! ¡Trabajen!

MANUEL

   No puedo trabajar.

EL JEFE

   ¿No puede? ¿Y por qué no puede, don Manuel?

MANUEL

   No. No puedo. El puerto me produce melancolía.

EL JEFE

   Le produce melancolía. *(Sardónico.)* Así que le produce melancolía. *(Conteniendo su furor.)* Siga, siga su
   trabajo.

MANUEL

   No puedo.

EL JEFE

   Veremos lo que dice el director general. *(Sale violentamente.)*

MANUEL

   Cuarenta años de oficina. La juventud perdida.

MARÍA

¡Cuarenta años! ¿Y ahora?...

MANUEL

¿Y quieren decirme ustedes para qué?

EMPLEADA 3ª

Ahora lo van a echar...

MANUEL

¡Qué me importa! Cuarenta años de Debe y Haber. De Caja y Mayor. De Pérdidas y Ganancias.

EMPLEADA 2ª

¿Quiere una aspirina, don Manuel?

MANUEL

Gracias, señorita. Esto no se arregla con aspirina. Cuando yo era joven creía que no podría soportar esta vida. Me llamaban las aventuras... los bosques. Me hubiera gustado ser guardabosque. O cuidar un faro...

TENEDOR DE LIBROS

Y pensar que a todo se acostumbra uno.

MANUEL

Hasta a esto...

TENEDOR DE LIBROS

Sin embargo, hay que reconocer que estábamos mejor abajo. Lo malo es que en el subsuelo hay que trabajar con luz eléctrica.

MARÍA

¿Y con qué va a trabajar uno si no?

EMPLEADO 1º

Uno estaba allí tan tranquilo, como en el fondo de una tumba.

TENEDOR DE LIBROS

Cierto, se parece a una tumba. Yo muchas veces me decía: "Si se apaga el sol, aquí no nos enteramos"…

MANUEL

Y de pronto, sin decir agua va, nos sacan del sótano y nos meten aquí. En plena luz. ¿Para qué queremos tanta luz? ¿Podés decirme para qué queremos tanta luz?

TENEDOR DE LIBROS

Francamente, yo no sé…

EMPLEADA 2ª

El jefe tiene que usar lentes negros…

EMPLEADO 2º

Yo perdí la vista allá abajo…

EMPLEADO 1º

Sí, pero estábamos tan tranquilos como en el fondo del mar.

TENEDOR DE LIBROS

De allí traje mi reumatismo.

(Entra el ordenanza Cipriano, con un uniforme color de canela y un vaso de agua helada. Es mulato, simple y complicado, exquisito y brutal, y su voz por momentos persuasiva.)

MULATO

¿Y el jefe?

EMPLEADA 2ª

No está. ¿No ve que no está?

EMPLEADA 3ª

Fue a la Dirección…

MULATO

(Mirando por la ventana.) ¡Hoy llegó el "Astoria"! Yo lo hacía en Montevideo.

EMPLEADA 2ª

(*Acercándose a la ventana.*) ¡Qué chimeneas grandes tiene!

MULATO

Desplaza cuarenta y tres mil toneladas...

EMPLEADO 1º

Ya bajan los pasajeros...

MANUEL

Y nosotros quisiéramos subir.

MULATO

Y pensar que yo he subido a casi todos los buques que dan vuelta por los puertos del mundo.

EMPLEADO 2º

Hablaron mucho los diarios...

MULATO

Sé los pies que calan. En qué astilleros se construyeron. El día que los botaron. Yo, cuando menos, merecía ser ingeniero naval.

EMPLEADO 2º

Vos, ingeniero naval... No me hagas reír.

MULATO

O capitán de fragata. He sido grumete, lavaplatos, marinero, cocinero de veleros, maquinista de bergantines, timonel de sampanes, contramaestre de paquebotes...

EMPLEADO 2º

¿Por dónde viajaste? ¿Por la línea del Tigre o por la de Constitución?

MULATO

(Sin mirar al que lo interrumpe.) Desde los siete años que doy vueltas por el mundo, y juro que jamás en la vida me he visto entre chusma tan insignificante como la que tengo que tratar a veces...

MARÍA

(A Empleada 1ª.) A buen entendedor...

MULATO

Conozco el mar de las Indias. El Caribe, el Báltico... hasta el océano Ártico conozco. Las focas, recostadas en los hielos, lo miran a uno como mujeres aburridas, sin moverse...

EMPLEADO 2º

¡Che, debe hacer un fresco bárbaro por ahí!

136

EMPLEADA 2ª

Cuente, Cipriano, cuente. No haga caso.

MULATO

(Sin volverse.) Aviada estaría la luna si tuviera que hacer caso de los perros que la ladran. En un sampán me he recorrido el Ganges. Y había que ver los cocodrilos que nos seguían…

MARÍA

No sea exagerado, Cipriano.

MULATO

Se lo juro, señorita.

EMPLEADO 2º

Indudablemente, éste no pasó de San Fernando.

MULATO

(Violento.) A mí nadie me trata de mentiroso, ¿sabe? *(Arrebatado, se quita la chaquetilla, y luego la camisa, que muestra una camiseta roja, que también se saca.)*

EMPLEADA 1ª

¿Qué hace, Cipriano?

EMPLEADA 2ª

¿Está loco?

EMPLEADA 3ª

Cuidado, que puede venir el jefe.

MULATO

Vean, vean estos tatuajes. Digan si éstos son tatuajes hechos entre la línea del Tigre o Constitución. Vean…

EMPLEADA 2ª

¡Una mujer en cueros!

MULATO

Este tatuaje me lo hicieron en Madagascar, con
una espina de tiburón.

EMPLEADO 2º

¡Qué mala espina!

MULATO

Vean esta rosa que tengo sobre el ombligo. Ob-
serven qué delicadeza de pétalos. Un trabajo de
indígenas australianos.

EMPLEADO 2º

¿No será una calcomanía?

EMPLEADA 2ª

¡Que va a ser calcomanía! Éste es un tatuaje de
veras.

MULATO

Le aseguro, señorita, que si me viera sin pantalones se asombraría…

TODOS

Oh… ah…

MULATO

(Enfático.) Sin pantalones soy extraordinario.

EMPLEADA 1ª

No se los pensará quitar, supongo.

MULATO

¿Por qué no?

EMPLEADA 3ª

No, no se los quite.

MULATO

No voy a quedar desnudo por eso. Y verán qué tatuajes tengo labrados en las piernas.

EMPLEADA 1ª

Es que si entra alguien…

EMPLEADA 3ª

Cerrando la puerta. *(Va a la puerta.)*

MULATO

(Quitándose los pantalones y quedando con un calzoncillo corto y rojo con lunares blancos.) Miren estos dibujos. Son del más puro estilo malasio. ¿Qué les parece esta guarda de monos pelando bananas. *(Murmullos de "Oh... ah...".)* Lo menos que yo merezco es ser capitán de una isla. *(Toma un pliego de papel madera y rasgándolo en tiras se lo coloca alrededor de la cintura.)* Así van vestidos los salvajes de las islas.

EMPLEADA 1ª

¿A las mujeres también les hacen tatuajes...

MULATO

Claro. ¡Y qué tatuajes! Como para resucitar a un muerto.

EMPLEADA 2ª

¿Y es doloroso tatuarse?

MULATO

No mucho... Lo primero que hace el brujo tatuador es ponerle a uno bajo un árbol...

EMPLEADA 2ª

Uy, qué miedo.

MULATO

Ningún miedo. El brujo acaricia la piel hasta dor-
mirla. Y uno acaba por no sentir nada.

EMPLEADO 1°

Claro...

MULATO

Siempre bajo los árboles hay hombres y mujeres
haciéndose tatuar. Y uno termina por no saber si
es un hombre, un tigre, una nube o un dragón.

TODOS

¡Oh, quién lo iba a decir! ¡Si parece mentira!

MULATO

(Fabricándose una corona con papel y poniéndosela.) Los
brujos llevan una corona así y nadie los mortifica.

EMPLEADA 1ª

Es notable.

EMPLEADA 2ª

Las cosas que se aprenden viajando...

MULATO

Allá no hay jueces, ni cobradores de impuestos,
ni divorcios, ni guardianes de plaza. Cada hom-

bre toma a la mujer que le gusta y cada mujer al hombre que le agrada. Todos viven desnudos entre las flores, con collares de rosas colgantes del cuello y los tobillos adornados de flores. Y se alimentan de ensaladas de magnolias y sopas de violetas.

TODOS
Eh, eh…

EMPLEADA 2ª
¡Eh! ¡Cipriano, que no nacimos ayer!

MULATO
Juro que se alimentan de ensaladas de magnolias.

TODOS
No.

MULATO
Sí.

EMPLEADO 2º
Mucho… mucho…

MULATO
Digo que sí. Y además los árboles están siempre cargados de toda clase de fruta.

MANUEL

No será como la que uno compra aquí, en la feria.

MULATO

Allá no. Cuelgan libremente de las ramas y quien quiere, come, y quien no quiere, no come... y por la noche, entre los grandes árboles, se encienden fogatas y ocurre lo que es natural que ocurra entre hombres y mujeres.

EMPLEADA 1ª

¡Qué países, qué países!

MULATO

Y digo que es muy saludable vivir así libremente. Al otro día la gente trabaja con más ánimo en los arrozales y si uno tiene sed *(toma el vaso de agua y bebe),* parte un coco y bebe su deliciosa agua fresca.

MANUEL

(Tirando violentamente un libro al suelo.) ¡Basta!

MULATO

¿Basta qué?

MANUEL

Basta de noria. Se acabó. Me voy.

EMPLEADA 2ª

¿A dónde va, don Manuel?

MANUEL

A correr mundo. A vivir la vida. Basta de oficina.
Basta de malacate. Basta de números. Basta de reloj. Basta de aguantarlo a este otro canalla. *(Señala
la mesa del jefe.)*

(Pausa. Perplejidad.)

EMPLEADO 1º

¿Quién es el otro?

TODOS

¿Quién es?

MANUEL

(Perplejo.) El otro… el otro… el otro… soy yo.

EMPLEADA 3ª

¡Usted, don Manuel!

MANUEL

Sí, yo; que desde hace veinte años le llevo los
chismes al jefe. Mucho tiempo hacía que me
amargaba este secreto. Pero trabajábamos en el
subsuelo. Y en el subsuelo las cosas no se sienten.

TODOS
¡Oh!...

EMPLEADO 1°
¿Qué tiene que ver el subsuelo?

MANUEL
No sé. La vida no se siente. Uno es como una
lombriz solitaria en un intestino de cemento. Pasan los días y no se sabe cuándo es de día, cuándo es de noche. Misterio. *(Con desesperación.)* Pero
un día nos traen a este décimo piso. Y el cielo, las
nubes, las chimeneas de los transatlánticos se nos
entran en los ojos. Pero entonces, ¿existía el cielo? Pero entonces, ¿existían los buques? ¿Y las
nubes existían? ¿Y uno, por qué no viajó? Por
miedo. Por cobardía. Mírenme. Viejo. Achacoso.
¿Para qué sirven mis cuarenta años de contabilidad y de chismerío?

MULATO
(Enfático.) Ved cuán noble es su corazón. Ved cuán
responsables son sus palabras. Ved cuán inocentes
son sus intenciones. Ruborizaos amanuenses. Llo-
rad lágrimas de tinta. Todos vosotros os pudriréis
como asquerosas ratas entre estos malditos libros.
Un día os encontraréis con el sacerdote que vendrá a suministraros la extremaunción. Y mientras

145

os unten con aceite la planta de los pies, os di-
réis: "¿Qué he hecho de mi vida? Consagrarla a la
teneduría de libros". Bestias.

MANUEL

Quiero vivir los pocos años que me quedan de vida en una isla desierta. Tener mi cabaña a la sombra de una palmera. No pensar en horarios.

EMPLEADO 1º

Iremos juntos, don Manuel.

MARÍA

Yo iría, pero para cumplir este deseo tendría que
cobrar los meses de sueldo que me acuerda la ley
11.729.

EMPLEADO 2º

Para que nos amparase la ley 11.729, tendrían que
echarnos.

MULATO

Aprovechen ahora que son jóvenes. Piensen que
cuando les estén untando con aceite la planta de
los pies no podrán hacerlo.

MARÍA

La pena es que tendré que dejar a mi novio.

146

EMPLEADO 2º

¿Por qué no lo conserva en un tarro de pickles?

EMPLEADA 2ª

Cállese, odioso.

MULATO

Señores, procedamos con corrección. Cuando don Manuel declaró que él era el chismoso, una nueva aurora pareció cernirse sobre la humanidad. Todos le miramos y nos dijimos: he aquí un hombre honesto; he aquí un hombre probo; he aquí la estatua misma de la virtud cívica y ciudadana. *(Grave.)* Don Manuel. Usted ha dejado de ser don Manuel. Usted se ha convertido en Simbad el Marino.

EMPLEADA 3ª

¡Qué bonito!

MANUEL

Ahora, lo que hay que buscar es la isla desierta.

TENEDOR DE LIBROS

¿Hay todavía islas desiertas?

MULATO

Sí las hay. Vaya si las hay. Grandes islas. Y con ár-

boles de pan. Y con plátanos. Y con pájaros de
colores. Y con sol desde la mañana a la noche.

EMPLEADO 2º
¿Y nosotros?...

MULATO
¿Cómo nosotros?

EMPLEADA 2ª
¿Claro? ¿Y a nosotros nos van a largar aquí?

MULATO
Vengan ustedes también.

TODOS
Eso... vámonos todos.

MULATO
Ah... y qué les diré de las playas de coral.

EMPLEADA 1ª
Cuente, Cipriano, cuente.

MULATO
Y los arroyuelos cantan entre las breñas. Y también hay negros. Negros que por la noche baten
el tambor. Así.

(El Mulato toma la tapa de la máquina de escribir y comienza a batir el tam tam ancestral, al mismo tiempo que oscila simiesco sobre sí mismo. Sugestionados por el ritmo, van entrando todos en la danza.)

MULATO

(A tiempo que bate el tambor.) Y también hay hermosas mujeres desnudas. Desnudas de los pies a la cabeza. Con collares de flores. Que se alimentan de ensaladas de magnolias. Y hermosos hombres desnudos. Que bailan bajo los árboles, como ahora nosotros bailamos aquí...

> La hoja de la bananera
> De verde ya se madura
> Quien toma prenda de joven
> Tiene la vida segura.

(La danza se ha ido generalizando a medida que habla el Mulato, y los viejos, los empleados y las empleadas giran en torno de la mesa, donde como un demonio gesticula, toca el tambor y habla el condenado negro.)

Y bailan, bailan, bajo los árboles cargados de frutas. De aromas...

(Histéricamente todos los hombres se van quitando los sacos, los chalecos, las corbatas; las muchachas se recogen las faldas y arrojan los zapatos. El Mulato bate frenéticamente la tapa de la máquina de escribir. Y cantan un ritmo de rumba.)

La hoja de la bananera...

EL JEFE

(Entrando bruscamente con el Director, con voz de trueno.)
¿Qué pasa aquí?

MARÍA

(Después de alguna vacilación.) Señor... esta ventana
maldita y el puerto... Y los buques... esos buques malditos.

EMPLEADA 2ª
Y este negro.

DIRECTOR

Oh... comprendo... comprendo. *(Al Jefe.)*. Despi-
da a todo el personal. Haga poner vidrios opacos
en la ventana.

Telón

ÍNDICE

Se terminó de imprimir
en el mes de Febrero de 2013
en Cosmos Print.
E. Fernández 155, Avellaneda, Bs. As.